VG
Editions

NUTRITION

7e ÉDITION - 2015

Patricia FISCHER-GHANASSIA
Edouard GHANASSIA

Editions Vernazobres-Grego **VG**

99 bd de l'Hôpital
75013 Paris - Tél. : 01 44 24 13 61
www.vg-editions.com

Janvier 2015 - ISBN : 978-2-8183-1300-8

120108 1114

REMERCIEMENTS

De chaleureux remerciements et quelques clins d'œil à ceux qui nous ont accompagnés le long de la réalisation de cet ouvrage, qui nous ont simplement croisés ou qui, par leur amitié et leur affection, nous ont encouragés à ne pas lâcher en cours de route.

Toujours une pensée reconnaissante aux relecteurs (et relectrices) des éditions précédentes

- **Au Professeur Sophie Christin-Maitre** *(Service d'endocrinologie, CHU Saint-Antoine)* pour la relecture du premier jet, entre 2 gardes aux urgences (pendant que les internes étaient en grève, souvenirs de l'automne 2001… c'est grâce à nous que vous l'avez…le repos compensateur).
- **Au Professeur Jacques Bringer et au Docteur Line Baldet** *(Service d'endocrinologie, CHU de Montpellier)*

Et à ceux qui ont contribué à l'amélioration de cet ouvrage, années après années

- **A Roland Chagnon, merveilleux et inoubliable professeur de musique au collège Courteline (Paris 12ème), pédagogue hors-pair et grand initiateur des moyens mnémotechniques d'Edouard. Qu'il trouve ici l'expression de sa reconnaissance et de sa sincère affection.**
- **A Antoine Michaud,** magistral auteur de la série des intermémos pour nous avoir permis d'illustrer ce poly avec ses superbes dessins
- **Au Professeur Antoine Avignon,** qui a tout compris aux malades et aux maladies chroniques
- **Au Professeur Eric Raynaud** génie de la pédagogie, du métabolisme et de l'amitié et **au Docteur Jean-Frédéric Brun**…votre padawan n'en a pas fini avec vous !!
- **Au Docteur Hervé Monpeyssen,** grand maître Jedi thyroidologue, pour m'avoir transmis la passion de la thyroïde, de l'échographie, de la cytoponction et pour ses splendides iconographies
- **A Patrick Bellaïche,** merci de ta confiance, de ton soutien et, surtout, de ton amitié

Petits clins d'œil… parce que vous le valez bien

- A la vieille garde
  - François « Larbi », Elisabeth et Anne Claire…all american friends !!!
  - Gabriel « maître Yoda », Victoria, Sienna et Vadim
  - Aurélien et Vanina, Leina (avec un « i »), Aden et Thais
  - Mickael, Alice
  - Marraine Elodie, Bruno, Enzo et Romain
- A la jeune garde :
  - Audrey -continuons d'y croire ensemble-, Thomas, Cléa
  - Martha, Richard, Annia et Emma
- A Ledi et Isabelle
- A notre équipe de la Clinique Sainte-Thérèse : Flore (just like family), Lucie (bienvenue, P'tit Lu), Marie-Laure (notre ange de nuit..et de trois !!), Frédérique, Christelle, Alizé, Jean-Jérôme, François Commeinhes, toutes les IDE, AS et ASH de chirurgie et de la maternité.
- A nos médics de choc de l'AJD : Mélanie, Claire-Marie, Marine, Pauline, Marion, Christine…*c'est le temps que tu as perdu pour tes roses qui font tes roses si importantes*
- Chapeau bas au Pr David Nocca, tu l'as voulue, tu l'as eue..va pas rouméguer maintenant !!
- A Monique Ghanassia… pour tout ce que tu sais (et même plus !!).
- A nos parents, qui ont tout initié.
- A Victor, Arthur et Charlotte, Aurore et Evan
- A Corinne, Stéphane, Léa et Carl
- A Florence et Nicolas et bienvenue à bébé Matteo - spéciale dédicace à Djodjo !!
- A Cécile Piquemal parce qu'on t'adore et parce que les étudiants de la France entière doivent savoir qu'une infirmière s'appelle VRAIMENT comme ça !!

ET TOUJOURS UN GRAND « YALLAH » DE SETE

Patricia et Edouard

A nos enfants, Anya et Marco, une étoile et un ange venus nous rejoindre sur Terre.

A la mémoire de notre Bernard, la plus belle étoile pour veiller sur eux

RECOMMANDATIONS ET CONSENSUS UTILISES

(téléchargeables sur les sites www. bmlweb. org ou www.endocrino. net)

- **Thyroïde :**
    - **Hypothyroïdie de l'adulte (HAS, 1998)**
    - **Hyperthyroïdie de l'adulte (HAS, 2000)**
    - **Nodule thyroïdien (Consensus SFE, 2010)**
    - **Cancer thyroïdien (consensus SFE, 2007)**
- **Diabète :**
    - **Traitement du diabète de type 2 (HAS, 2013)**
    - **Dépistage de l'ischémie myocardique silencieuse (consensus SFC, 2004)**
    - **Dépistage de l'AOMI du diabétique (HAS, 2005)**
    - **Prise en charge et prévention du pied diabétique (IWGDF 1999, HAS 2006)**
    - **Consensus international sur le dépistage et le traitement du diabète gestationnel (2010)**
- **Dyslipidémies (recommandations HAS 2005)**
- **Hyperprolactinémie (consensus SFE 2006)**
- **Hypoglycémie du non-diabétique (consensus SFE 2012)**
- **Acromégalie (consensus SFE 2009)**
- **Syndrome de Cushing (PNDS HAS 2008)**
- **Hyperparathyroïdie primitive (consensus SFE 2005)**
- **Programme national nutrition santé PNNS 1 (2001), PNNS 2 (2006) :** lourd, lourd, lourd
- **Prise en charge de la dénutrition du sujet âgé (HAS, 2007) :** très bien fait (tableaux)
- **Prise en charge chirurgicale de l'obésité de l'adulte (HAS 2009)**
- **Prise en charge de l'obésité de l'adulte (HAS, 1998) et de l'enfant (HAS, 2003) :** du blabla

SOMMAIRE

Chapitre 1

NUTRITION AUX iECN : INTRODUCTION

- Le programme des iECN fait toujours une part belle à la Nutrition normale et pathologique, discipline par essence transversale et nécessitant un recul important afin d'intégrer les nombreux prérequis nécessaires à sa compréhension.

- Pour nombre d'étudiants (dont nous, il n'y a pas si longtemps), la Nutrition se résumait à une série de tableaux chiffrés comprenant les besoins nutritionnels de chaque individu et la teneur en différents composants de chaque aliment (tableaux sur lesquels beaucoup faisaient tout simplement l'impasse). Il y avait également l'obésité qui, heureusement, comportait enfin quelques termes connus comme HTA, diabète, athérome et dont le traitement semblait si simple (régime !!) qu'il ne figurait **même pas au programme.** Enfin, il y avait la dénutrition, avec son cortège de signes dont la physiopathologie n'était pas nette et toutes ces étiologies qui s'intriquaient entre elles... **bref, galère.**

- Par ailleurs, en pratique médicale courante, son image n'est guère meilleure. L'évaluation nutritionnelle en 2013 ressemble trop souvent à l'évaluation de la douleur dans les années 90 : une pratique semblant vaguement utile et pratiquée par quelques services qui croient en son importance (les naïfs !!). L'obésité ? 5 à 10% de succès à ce jour. Normal, y pensent qu'à bouffer et y z'ont pas de volonté. La dénutrition ? Pourquoi la mamie de 92 ans de la chambre 106 ne veut pas bouffer ? Mais j'en sais rien moi, t'as qu'à lui donner du nutrimachin, là !! Une anorexique ? Ah non, c'est pas de la Médecine, c'est de la Psychiatrie, ça !!

- Et pourtant...

- Et pourtant, nous restons convaincus que si la Nutrition est si mal pratiquée, c'est que son enseignement n'est pas encore suffisamment bien structuré afin de vous faire appréhender correctement le passage de la théorie à la pratique.

- C'est le défi de la section 'Nutrition' de cet ouvrage. Aussi, ne soyez pas étonnés de trouver un agencement des chapitres différent du programme des iECN. Soyez tranquilles, comme d'habitude, nous le respectons **ni plus ni moins** (les chapitres hors programme **le sont vraiment** et sont uniquement là pour faciliter votre compréhension... et donc, accélérer votre apprentissage des questions).

- Le programme a évolué et les sections à apprendre « par cœur » ont quasiment disparu. En revanche, l'activité physique fait une rentrée remarquée. La section Nutrition est donc découpée en 2 parties :
  - **NUTRITION DU BIEN-PORTANT (« normale »)** où vous seront introduites les notions de **comportement alimentaire normal** et de **prévention primaire par les modifications du mode de vie.** Nous aborderons ainsi l'alimentation et l'activité physique par leurs effets sur la santé des populations et par leur prescription pratique. Nous verrons également les spécificités de l'alimentation de l'enfant et de la femme enceinte

- **La seconde partie, PATHOLOGIE NUTRITIONNELLE** traite des pathologies où l'état nutritionnel et l'alimentation participent au pronostic et à la prise en charge. Munis des connaissances acquises dans la 1ère partie, vous serez à même de diagnostiquer et de connaître les principes généraux de la prise en charge d'une **dénutrition et d'un amaigrissement.** Un chapitre à part sera consacré **aux troubles nutritionnels du sujet âgé.** La prochaine étape ira en amont de la dénutrition qui a pour causes, outre les pathologies organiques, les très médiatisés **troubles du comportement alimentaire (anorexie et boulimie** seront seuls traités ici en détail) qui nécessitent des prises en charge globales spécifiques incluant entre autres, **mais pas uniquement,** une part psychiatrique. La question suivante concerne **l'obésité** où de nombreux liens seront signalés avec les questions 'Diabète' et 'Facteurs de Risque Cardiovasculaire'.

• Bien entendu, vos critiques seront toujours acceptées avec plaisir afin d'améliorer la qualité didactique de cet ouvrage.

Chapitre 2

NUTRITION AUX iECN : METHODOLOGIE

I. POUR APPRENDRE VOS QUESTIONS

- Vous ne manquerez pas, en lisant les questions de Nutrition, de vous demander : pourquoi tant de détails et si peu de choses à retenir par cœur ? Tout simplement parce que la Nutrition, c'est ça : si vous retenez les grands principes *via* leur physiologie, vous n'aurez pas à apprendre par cœur bêtement des tableaux chiffrés. Néanmoins, c'est tout ce que vous aurez à retenir au final !!

- Tâchez autant que possible de les faire dans l'ordre du polycopié : les connaissances s'enchaînent de façon logique et les acquis d'une question sont utilisés dans la suivante (de l'intérêt de connaître la Nutrition « normale » avant d'aborder la Nutrition « pathologique »).

> Dernier point important : certaines données chiffrées ont été « simplifiées » par rapport à leur valeur « officielle ». Nous avons privilégié la facilité de mémorisation à l'exactitude (exemple : nous avons transformé des besoins de 9 mg de fer quotidiens en 10 mg : jetez-nous des pavés pour cette hérésie !!).

II. POUR REDIGER VOS DOSSIERS

- Plus pragmatiquement, en ce qui concerne ce qui peut vous être demandé à l'internat, comme dans toutes les autres disciplines, on ne vous demande pas d'être le **spécialiste,** mais **l'urgentiste, le généraliste ou l'interniste**

- Vous aurez ainsi 2 manières d'être testés sur vos connaissances :
  - Un dossier sur une pathologie de la Nutrition (le moins fréquent)
  - Surtout, **des questions sur la Nutrition d'un patient dans une situation donnée** (et pas toujours pathologique, comme la femme enceinte ou le sportif) qui seront, la plupart du temps, à but de **prévention**

- Dans tous les cas, 3 paramètres seront toujours à prendre en compte, que ce soit pour le traitement ou **la prévention :**

> 1. **LE COMPORTEMENT ALIMENTAIRE**
> 2. **LA DIETETIQUE EN ELLE-MEME**
>   **(au sens large : diététique ne signifie pas restriction !!)**
> 3. **LE PATIENT : ses antécédents, son mode de vie, les pathologies, l'état physiologique (croissance, âge...) ou l'appartenance à un groupe à risque de telle ou telle carence**

> Vous l'aurez compris : la nutrition de la population ou du patient souffrant d'une pathologie non nutritionnelle est avant tout et idéalement une médecine de la <u>prévention</u> !!!

- On ne vous interrogera pas sur des sujets peu courants ou peu importants : certes la nutrition de l'adolescent cambodgien végétarien vivant aux Etats-Unis pendant l'été indien est un sujet passionnant, mais concernant peu la **Santé publique… car c'est bien de santé publique qu'il s'agit également en Nutrition.** Ainsi, dans ce qui concerne la 'Nutrition du bien-portant', donc la nutrition de la population, retenez avant tout **les 9 objectifs prioritaires** définis dans le Programme National Nutrition Santé en 2001-2002.

LES 9 PROBLEMES PRIORITAIRES SELON LE PNNS 1

1. **SUPPLEMENTATION MARTIALE CHEZ LA FEMME ENCEINTE (prévention de la carence martiale)**
2. **SUPPLEMENTATION EN FOLATES CHEZ LA FEMME ENCEINTE (prévention des malformations du système nerveux)**
3. **ENCOURAGER L'ALLAITEMENT**
4. **SUPPLEMENTATION EN FER, CALCIUM, VITAMINE D CHEZ ENFANTS ET ADOLESCENTS (prévention de la carence martiale, du rachitisme et de l'ostéoporose à long terme)**
5. **SUPPLEMENTATION EN CALCIUM ET VITAMINE D CHEZ LA PERSONNE AGEE (prévention de l'ostéoporose et de ses conséquences et, donc, prévention de la perte d'autonomie)**
6. **DENUTRITION DE LA PERSONNE AGEE (prévention de la perte d'autonomie)**
7. **DENUTRITION ET CARENCE DU SUJET AGE EN SITUATION DE PRECARITE**
8. **RISQUES ET EFFETS SECONDAIRES DES REGIMES (prévention de la restriction cognitive et ses conséquences – voir question 'Obésité')**
9. **ALLERGIES ALIMENTAIRES**

- Après 5 années d'application et un 1er bilan, **un PNNS 2 (2006-2008)** a été établi, qui reprend les grandes bases du PNNS 1, mais dont se dégagent surtout :
  - 2 objectifs en relief : **activité physique, les 5 fruits et légumes**
  - 2 pathologies ciblées : **obésité et dénutrition**
  - 3 moyens pragmatiques :
    - × **Dépistage précoce** (obésité, dénutrition)
    - × **Prévention** (éducation alimentaire et nutritionnelle, offre alimentaire)
    - × **Ciblage des populations et des acteurs non médicaux concernés**

En pratique, priorité au dépistage précoce et à la prévention de l'obésité (en particulier chez l'enfant), ainsi qu'au dépistage systématique de la dénutrition (surtout chez le sujet âgé). D'où 5 mots-clés importants en dossier : dépistage, prévention, précoce, activité physique, 5 fruits et légumes !!

LE COMPORTEMENT ALIMENTAIRE NORMAL

Manger est l'un des actes essentiels et naturels de notre vie quotidienne, destiné à remplir l'un des besoins élémentaires qu'est l'apport d'énergie. Au fil de l'histoire, tous les grands événements d'évolution, de migration, d'urbanisation ont été rythmés par la disponibilité en nourriture (territoires de chasse, champs cultivables, périodes de famine). Donc, si nous avons pu survivre jusqu'ici, c'est que notre corps possède un système régulateur extraordinairement précis afin de s'adapter à toutes les situations. Cependant, il existe beaucoup d'idées reçues sur la régulation de la prise alimentaire qui ne se limite pas, comme nous le verrons, à des relations biochimiques complexes entre diverses molécules plus ou moins médiatisées.

Le but de ce chapitre, un peu en marge du programme (quoique...) est de vous donner les notions physiologiques de base qui vous aideront à la compréhension des troubles du comportement alimentaire, que ceux-ci soient des symptômes d'une pathologie donnée ou qu'ils constituent, comme dans l'anorexie, la maladie en elle-même.

I. NOTIONS DE BASE SUR LE COMPORTEMENT

- La composante comportementale est l'une des bases **essentielles** de la nutrition normale et pathologique. Toutefois, avant de parler de comportement alimentaire, encore faut-il posséder quelques notions (simples !!) sur le comportement... en général

- De plus, en pratique, ce petit paragraphe s'intègre parfaitement dans votre programme puisqu'il rejoint les bases des thérapies cognitives et comportementales (TCC)

- Gardez avant tout en mémoire qu'un comportement, dont nous verrons la définition précise plus loin, possède avant tout une **finalité** généralement **positive** pour la santé de l'individu

- Dans le domaine du comportement, 4 facteurs entrent en jeu :
  1. **Les cognitions**
  2. **Les émotions**
  3. **Un stimulus (ou un ensemble de stimuli)**
  4. **Le comportement** lui-même

- **Les cognitions :** sont définies comme étant l'acte de connaissance et correspondent à la gestion du savoir sur soi et l'environnement :
  - Les **schémas cognitifs** correspondent à des programmes préétablis à partir de données multiples (expériences préalables, émotions, acquis et connaissances de toute nature). Ces schémas sont inconscients, stockés dans la mémoire à long terme, prêts à être enclanchés par divers stimuli. Ils vont les **interpréter** puis **enclencher une réaction** qu'ils considèrent comme adéquate
  - Les **événements cognitifs** représentent l'aspect conscient des cognitions. Ce sont les produits de l'exécution des programmes que sont les schémas cognitifs. Ce sont les pensées, les prises de décision, les perceptions, les souvenirs.

- **Les émotions :** sont définies comme étant des sensations physiques de plaisir/déplaisir en réponse à un stimulus donné :
  - On les considère à part dans l'étude du comportement car ce sont de puissants régulateurs du comportement et de l'établissement des schémas cognitifs
  - Les émotions sont des sensations **physiques** aboutissant à l'émergence **d'affects** qui sont des sensations psychiques (peur, tristesse, anxiété, plaisir, joie)
  - Leur expression est conditionnée non seulement par les expériences antérieures et les acquis, comme les schémas cognitifs, mais également par **la situation immédiate** (en clair : le même événement peut, chez un même individu, donner lieu à des émotions différentes en fonction de la situation)
  - Bien entendu, elles expliquent que le comportement humain n'ait pas la logique rationnelle d'une machine !!
- **Les stimuli :** sont des événements de nature diverse qui déclenchent, avec une tonalité émotionnelle ajoutée plus ou moins importante, la mise à exécution des schémas cognitifs :
  - Ils régulent les comportements selon les théories de l'apprentissage (expérience du chien de Pavlov : si on vous donne à manger à chaque conf d'Endocrino et que c'est un plaisir, au bout d'un moment, votre cerveau associera conf d'Endoc et plaisir sans même avoir besoin de la nourriture)
  - Certains stimuli déclenchent une séquence comportementale donnée, d'autres peuvent avoir un rôle de renforçateur ou d'inhibiteur. Par exemple : si un cours vous ennuie, cela peut déclencher une séquence comportementale appelée 'je vais rejoindre les potes au café' – si en plus il fait très chaud (sensation physique), cela constitue un stimulus renforçateur. En revanche, si vous avez peur que ce soit précisément ce qui va tomber aux examens (événement cognitif/affect), vous allez rester : c'est un stimulus inhibiteur
- **Le comportement : est défini comme étant un enchaînement ordonné d'actions destinées à adapter l'individu à une situation telle qu'il la PERÇOIT et L'INTERPRETE :**
  - Ce comportement correspond donc :
    × A la perception (5 sens + proprioception) et à l'interprétation (selon les schémas cognitifs) d'un stimulus donné (ou d'un ensemble de stimuli) de natures et d'origines diverses
    × Menant à l'exécution d'un programme préétabli (schéma cognitif)
    × Qui déclenche plusieurs événements internes (événements cognitifs)
    × Qui, eux-mêmes, déclenchent plusieurs événements externes (action verbale ou motrice)
    × Toute cette séquence étant régulée par des stimuli renforçateurs ou inhibiteurs
- **Fonction et finalités d'un comportement :**
  - Le but du comportement est d'adapter l'individu à une situation. Initialement, il vise à assurer à ce même individu un certain **bien-être**
  - C'est la théorie du conditionnement opérant :
    × Un comportement à conséquences **positives** aura tendance à être **répété**
    × Un comportement à conséquences négatives aura tendance à être évité
    × Un comportement à conséquences **neutres** aura tendance à **s'effacer** (non dangereux, mais inutile !!).

Remarque : les comportements sont donc dictés par les schémas cognitifs, établis à partir de règles et de croyances acquises par l'éducation, les expériences antérieures, la culture, les attentes. Ces schémas sont réactivés par des situations similaires et/ou des émotions, mais la perception étant forcément différente, ces schémas peuvent perdurer dans un contexte inadapté et être à l'origine de comportements inadaptés qui peuvent représenter une source importante de souffrance pour l'individu... y compris dans le domaine alimentaire, tellement teinté d'émotions !!!

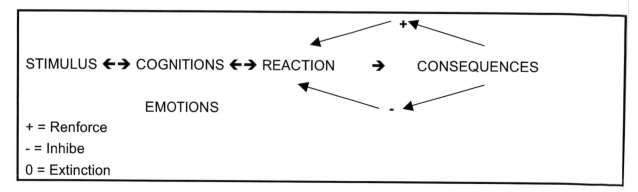

+ = Renforce

- = Inhibe

0 = Extinction

STIMULUS → SCHEMAS ←→ PROCESSUS ←→ EVENEMENT → REPONSE
COGNITIFS   COGNITIF   COGNITIF   COMPORT.

II. LE COMPORTEMENT ALIMENTAIRE NORMAL

1. Introduction

- Sous le terme de **comportement alimentaire**, on désigne donc un ensemble de **comportements**, mais également de **schémas cognitifs** et **émotionnels** destinés à remplir **3 fonctions :**

  1. **Fonction d'apport d'énergie et de nutriments :** rôle biologique
  2. **Fonction hédonique (ressenti d'un plaisir) :** rôle affectif et émotionnel
  3. **Fonction symbolique :** rôle psychologique individuel et interindividuel (culturel et relationnel)

- Ce comportement est destiné à assurer à l'individu un **bien-être physique, psychique et social (définition de l'état de BONNE SANTE par l'OMS).** Il n'existe donc de comportement alimentaire pathologique qu'à partir du moment où il a des conséquences **néfastes sur l'état de santé**

- **La séquence comportementale** est simple et comporte **3 phases :** pré-ingestive, ingestive et post-ingestive

- Nous avons vu dans le paragraphe précédent que tout comportement est une réponse à une situation dans un contexte donné sous la dépendance de « programmes » appelés **schémas cognitifs.** Ces programmes ne sont déclenchés que dans certaines circonstances par des **stimuli.** Or, on distingue, dans le cadre de l'alimentation, 3 stimuli importants :

  1. **Les SIGNAUX ALIMENTAIRES +++**
  2. **Les émotions**
  3. **Les cognitions (aspect socioculturel, idée du 'manger sainement'...)**

- Un comportement alimentaire normal est sous le contrôle prépondérant des **sensations alimentaires.** Ce facteur est le plus important -c'est pourquoi nous l'étudierons en détail dans ce chapitre-, mais également le **plus fragile +++**

- En effet, dans les principaux troubles du comportement alimentaire (et certainement dans l'obésité), l'un des faits majeurs est une **prédominance des émotions et des cognitions dans le contrôle de la prise alimentaire au détriment des sensations.** C'est pourquoi nous ne détaillerons les contrôles par ces 2 facteurs que dans le chapitre consacré aux *Troubles du Comportement Alimentaire*

Remarque : attention !!! Encore une fois, tout sujet a une alimentation influencée par ses émotions et ses cognitions... c'est NORMAL !! Cela ne devient pathologique qu'à partir du moment où la santé de l'individu est menacée par la persistance de cet état.

2. Les signaux alimentaires

LES 4 SENSATIONS ALIMENTAIRES
1. LA FAIM
2. L'APPETIT
3. LE RASSASIEMENT
4. LA SATIETE

- **La faim : BESOIN physiologique de manger sans orientation vers un aliment ou un groupe d'aliments précis :**
  - Signal correspondant à la fonction **biologique** de l'alimentation
  - Elle correspond à un **fléchissement de la glycémie de l'ordre de 6%** (lorsque les aliments du repas précédent ont fini d'être digérés et métabolisés) ressenti par les neurones qui induisent des manifestations désagréables
  - Elle se manifeste par une sensation de « creux », de vide gastrique avec anxiété, irritabilité, faiblesse généralisée voire malaise
  - Elle informe l'organisme de la nécessité **d'apporter de l'énergie**
  - Remarquons que cette sensation **ne renseigne ni sur la quantité d'énergie à apporter ni sur la nature de l'apport** (quand on a très faim, on n'a parfois besoin de très peu de calories, mais on pourrait manger n'importe quoi)

- **L'appétit : ENVIE de manger un aliment ou un groupe d'aliments spécifiques indépendamment du besoin en énergie (et, donc, de la sensation de faim) :**
  - Signal correspondant également à la fonction **biologique, mais** également à la fonction **hédonique** et en partie à la fonction **symbolique** de l'alimentation
  - En effet, il permet **la sélection des** aliments en faisant porter le choix vers les aliments :
    - × **Contenant les nutriments dont le corps a besoin (fonction biologique) :** le sujet en a déjà fait l'expérience et son cerveau a enregistré le lien entre image sensorielle et contenu nutritionnel des aliments (cela ne vous est jamais arrivé d'avoir très envie de viande un jour et d'en être dégoûté un autre jour ?)
    - × **Généralement appréciés (fonction hédonique et symbolique) :** le sujet en a déjà fait l'expérience et en attend des sensations plaisantes avec une anticipation agréable (fonction hédonique et symbolique)

- **Le rassasiement : SENSATION éprouvée lors du processus d'établissement dynamique et progressif de la satiété :**
  - Signal complexe qui mêle les 3 fonctions biologique, hédonique et symbolique de l'alimentation
  - Il se manifeste par une **baisse du plaisir gustatif** apporté par les aliments
  - Il détermine **la quantité d'aliments nécessaires** en contrôlant le volume et la teneur énergétique des aliments ingérés
  - Il correspond à la mise en jeu de 2 systèmes régulateurs : **la distension gastrique** et **le système sensoriel**
  - **La distension gastrique :**
    - × Donne initialement une sensation de plénitude et de confort, mais, si elle s'accentue, provoque des sensations désagréables à type de lourdeur et de douleur
    - × Régule **le volume** des ingestats **indépendamment de la teneur calorique**
    - × Est donc un système régulateur **rudimentaire et imprécis** (d'autant que, en général, lorsqu'il intervient, les besoins énergétiques sont déjà largement comblés)

- Le système sensoriel agit via 3 composantes :
  - × **L'alliesthésie alimentaire négative :** agit au bout de 15-20 minutes, correspond à une diminution du plaisir de manger **indépendamment de la nature des aliments** au fur et à mesure que les calories sont absorbées. Elle est strictement corrélée **à l'apport calorique** (donc, manger des aliments peu caloriques qui bourrent n'induit pas de rassasiement *via* cette composante !!)
  - × **Le rassasiement sensoriel spécifique :** agit au bout de 2 minutes, correspond à une diminution du plaisir de manger **un aliment spécifique** sans incidence sur la consommation des autres aliments. Il est lié à **l'image sensorielle perçue** de cet aliment et non aux apports caloriques
  - × **Le rassasiement conditionné :** l'organisme garde en mémoire les effets métaboliques de chaque aliment déjà ingéré. Il induira un rassasiement une fois les modifications métaboliques escomptées atteintes

- **La satiété : DISPARITION DU BESOIN physiologique de l'organisme de manger : il s'agit de l'état de NON-FAIM marquant la fin du processus de rassasiement :**
  - Elle se manifeste par une sensation de plénitude gastrique et de bien-être
  - Elle informe l'organisme que la prise alimentaire a couvert les besoins physiologiques pour une période donnée (jusqu'à ce que la glycémie se ré-infléchisse)
  - Par définition, elle dure jusqu'à la réapparition de la sensation de **faim**

3. La séquence comportementale

- **Phase pré-ingestive : la faim et l'appétit sont les principaux stimuli** physiologiques de la prise alimentaire :
  - **La faim renseigne le sujet sur la nécessité de manger.** Selon son intensité, ce besoin doit être comblé dans un délai plus ou moins long (rappelons que l'intensité ne renseigne pas du tout sur le nombre de calories nécessaires)
  - **L'appétit oriente la recherche et la préparation des aliments.** Selon les besoins nutritionnels et émotionnels, certains aliments seront privilégiés
  - **Ajoutons à cela d'autres cognitions et des émotions** qui agiront sur l'environnement et le rituel de cette prise alimentaire : le cadre, les compagnons de repas, l'horaire
- La phase ingestive débute avec la 1ère bouchée : s'établissent alors les différentes composantes du processus de rassasiement :
  - **Dès les 1ères bouchées, le rassasiement sensoriel spécifique et le rassasiement conditionné agissent :** le sujet se rassasie de chacun des aliments sur le plan nutritionnel et sur le plan calorique
  - **Alliesthésie alimentaire négative 15-20 minutes après apport calorique (d'où la nécessité de ne pas manger trop vite !!).** En fait, c'est ce phénomène qui permet l'établissement du rassasiement conditionné (en gros : lorsqu'il a mangé 10 fois le même aliment, le corps sait, dès l'ingestion, combien de calorie il a mangé puisque l'alliesthésie s'est déclenchée au même seuil 10 fois de suite. Par la suite, elle n'agit donc plus que comme signal « de confirmation »)
  - **Distension gastrique en dernier recours** (davantage signal d'alarme : chez des sujets sains, ce processus rudimentaire est rarement utilisé)
  - **D'autres cognitions et émotions peuvent influencer le processus de rassasiement** et fausser les apports caloriques et spécifiques en certains aliments
- La phase post-ingestive débute après la dernière bouchée et se poursuit jusqu'au début de la prochaine phase ingestive. Elle dure tant que dure la sensation de **satiété**

III. DU NORMAL AU PATHOLOGIQUE

> **UN PRINCIPE A S'ENFONCER DANS LA TETE : N'EST A CONSIDERER COMME PATHOLOGIQUE QUE CE QUI ALTERE EFFECTIVEMENT OU POTENTIELLEMENT LE BIEN-ETRE D'UN INDIVIDU !!!**

- Tout ce qui est rapporté dans le paragraphe II correspond au comportement alimentaire de base, dont la finalité est, encore une fois, l'état de bonne santé d'un patient tel qu'il est défini par l'OMS à travers le respect de ses 3 fonctions biologique, hédonique et symbolique

- Cependant, il peut être modifié de façon temporaire dans de nombreuses circonstances (stress, fêtes familiales ou personnelles…) et des symptômes témoignant d'un désordre de la prise alimentaire peuvent s'observer (voir tableau). On ne peut pas parler pour autant de trouble du comportement alimentaire

- 3 conditions sont à remplir pour parler de TCA :
    1. **RUPTURE SIGNIFICATIVE** avec les habitudes alimentaires des individus vivant dans le même environnement socioculturel et nutritionnel
    2. **CONSEQUENCES NEFASTES,** aussi bien sur le plan physique (obésité, dénutrition, carence) que sur le plan psychologique (dépression, sentiment d'anormalité ou d'exclusion)
    3. **EXISTENCE D'UN (OU PLUSIEURS) FACTEUR(S) ETIOLOGIQUES :** souffrance psychologique ou lésion organique du système de régulation de la prise alimentaire

SYMPTOMES DES DESORDRES ALIMENTAIRES

- **HYPERPHAGIE :**
    × **Prandiale**
    × **Grignotages**
    × **Compulsions**
    × **Accès boulimiques**
- **HYPOPHAGIE :**
    × **Anorexie**
    × **Sélection alimentaire**
- **DYSPHAGIE**
- **RESTRICTION COGNITIVE**
- **SURINVESTISSEMENT DANS L'ALIMENTATION**
- **MACHONNEMENTS**
- **REGURGITATION (MERYCISME)**

PREVENTION PRIMAIRE PAR LA NUTRITION ET MODIFICATION THERAPEUTIQUE DU MODE DE VIE CHEZ L'ENFANT ET L'ADULTE (ALIMENTATION)

Chapitre 4

LES OBJECTIFS DU CNCI :

N°246. Prévention primaire par la nutrition chez l'adulte et l'enfant

- Connaître les effets de l'alimentation et de l'activité physique sur la santé des populations.

- Argumenter la promotion d'une alimentation équilibrée (définition, modalités, soutien motivationnel).

- Expliquer les différents types d'activité physique, les évaluer.

N°247. Modifications thérapeutiques du mode de vie (alimentation et activité physique) chez l'adulte et l'enfant

- Evaluer le comportement alimentaire et diagnostiquer ses différents troubles.

- Argumenter les bénéfices et les effets cliniques de la pratique de l'activité physique.

- Identifier les freins au changement de comportement.

- Savoir prescrire et conseiller en diététique.

- Promouvoir l'activité physique chez le sujet malade (démarche, orientations).

I. EFFETS DE L'ALIMENTATION SUR LA SANTE DES POPULATIONS

- Le **besoin nutritionnel physiologique** en un nutriment correspond à la **plus faible quantité** nécessaire au développement, à la croissance et à l'état de santé normal sans perturber le métabolisme d'autres nutriments

- Il n'existe aucune méthode pour évaluer **les besoins individuels +++**

> En pratique, on utilise donc la quantité de nutriments à apporter à une population donnée afin de prévenir les carences en ce nutriment : c'est ce que l'on appelle les <u>apports nutritionnels conseillés (ANC)</u> (environ 130% des besoins moyens).

- Nous considérerons dans le polycopié les 6 grandes catégories suivantes et nous les réutiliserons toujours selon ce schéma afin de simplifier leur maniement. Nous ne détaillerons que les 3 grands macronutriments et les macro et oligo-éléments indispensables à connaître en fin de 2ème cycle (et tombables en dossier)

- Dans cette question, nous aborderons, pour chaque nutriment :
    - Son rôle (surtout si cela s'intègre dans des questions du programme)
    - Ses apports (si cela nous semble utile)
    - Les groupes à risque nécessitant une maîtrise (diminution ou supplémentation)
    - L'utilité en prévention primaire et secondaire (pathologies)

- Désormais, la question « besoins nutritionnels » ayant été retirée du programme, nous n'avons conservé que les données chiffrées qui nous semblent exigibles en dossier.

LES 6 ELEMENTS A CONSIDERER EN NUTRITION POUR LES iECN

1. **L'ENERGIE (les apports caloriques)**
2. **GLUCIDES – PROTIDES – LIPIDES (GPL : les macronutriments)**
3. **Sodium, potassium et calcium (les ions macro-éléments)**
4. **Fer (les ions oligo-éléments)**
5. **LES VITAMINES (FOLATES ET VITAMINE D)**
6. **L'EAU**

A. L'ENERGIE

1. Rôle des calories

> Les besoins en énergie sont définis comme étant la quantité d'énergie nécessaire afin de compenser les dépenses et d'assurer une taille et une composition corporelle compatibles avec le maintien à long terme d'une bonne santé et d'une activité physique adaptée au contexte économique et social (OMS, 1996).

- Les apports sont assurés par les **macronutriments apportés par l'alimentation** :
    - Glucides : 1 g = 4 kcal
    - Protides : 1 g = 4 kcal
    - Lipides : 1 g = 9 kcal
    - Alcool : 1 g = 7 kcal
- Il existe **3 composantes** de dépense énergétique dont la somme représente la **dépense énergétique totale (DET)** :
    - **Dépense énergétique de repos (DER) (60%) :** énergie utilisée au repos pour le fonctionnement des organes (métabolisme de base). Dépendante de la **masse maigre**, c'est la **composante principale +++**
    - **Niveau d'activité physique (NAP) :** énergie utilisée au cours des déplacements et des activités. C'est la **composante ajustable +++**
    - **Thermogenèse alimentaire (10%) :** énergie utilisée pour assurer la digestion, l'absorption et le stockage des aliments

2. Facteurs de risque de dénutrition calorique
- **Sujets âgés**
- **Situation de précarité**
- **Etiologies de la dénutrition (QS)**

3. Facteurs de risque d'obésité de l'enfant
- **Antécédents familiaux** et, en particulier, obésité parentale
- Grossesse :
    - Tabagisme maternel
    - Restriction calorique aux 2 premiers trimestres
    - Diabète gestationnel
- **L'allaitement maternel réduit de moitié le risque d'obésité de l'enfant**
- **Un rebond d'adiposité précoce +++** (remontée physiologique de l'IMC après une phase de diminution. Age normal : 6 ans)
- **Sédentarité**

4 : iECN 2016 items 246-247

PRÉVENTION PRIMAIRE PAR LA NUTRITION ET MODIFICATION THÉRAPEUTIQUE DU MODE DE VIE
CHEZ L'ENFANT ET L'ADULTE (ALIMENTATION)

4. Facteurs de risque d'obésité de l'adulte

- **Antécédents familiaux**
- **Age**
- **Niveau socio-économique**
- **Sédentarité** qui déséquilibre la balance énergétique

> En pratique, la maîtrise des apports caloriques représente le traitement et la prévention essentiels des dénutritions caloriques ainsi que de l'obésité de l'enfant et de l'adulte.

B. LES GLUCIDES

- **50 à 55% des apports caloriques totaux recommandés.** Apportent **4 kcal/g**
- Sources : on distingue les **sucres simples** des **aliments amylacés :**
  - Sucres simples :
    - × **Le saccharose** (issu de la betterave et du sucre de canne) est le morceau de sucre du café, le sucre en poudre des fraises, mais également le sucre des sirops et des produits sucrés
    - × **Le fructose et le glucose** sont retrouvés dans les fruits et le miel
  - Aliments amylacés : contiennent essentiellement de **l'amidon,** mais également d'autres nutriments (céréales, pain, pomme de terre, légumes secs)
- Du point de vue nutritionnel, plus que la teneur en calories, il faut connaître la notion d'**index glycémique : quantification du pouvoir hyperglycémiant d'un aliment par rapport à celui du glucose :**
- En pathologie, la maîtrise de la consommation des glucides et, plus particulièrement, des glucides à IG élevés se pratique au cours des états d'insulinopénie et d'insulinorésistance
  - Insulinopénie : diabète type 1
  - Insulinorésistance : diabète type 2, hypertriglycéridémie
- En dehors de ces situations, **il n'y a aucune indication à limiter les apports de glucides**

C. LES LIPIDES

1. Rôle des lipides et apports recommandés

- **Principale réserve énergétique de l'organisme**
- Composition des membranes cellulaires
- Principaux précurseurs des stéroïdes
- **30 à 35% des apports caloriques totaux recommandés.** Apportent **9 kcal/g**

2. Groupes à risque de carences en acide gras essentiels

- **Prématurés**
- Femme enceinte
- Sujet âgé
- **Syndrome de malabsorption**

3. Intérêt en prévention primaire (et secondaire) : les familles d'acides gras

- On distingue les lipides composés d'acides gras **saturés, mono-insaturés et polyinsaturés** :
    - Acides gras saturés : **5-10% des ANC maximum (1/4 des lipides)** :
        × AG contenus dans **la viande**, les **charcuteries** et les **produits laitiers** (beurre, crème fraîche)
        × Consommés en excès dans la population occidentale, ce qui est associé à un **risque accru de cancers, d'obésité et de maladies cardiovasculaires**
    - Acides gras mono-insaturés : **10-15% des ANC (1/2 des lipides)** :
        × AG contenus dans **l'huile d'olive, d'arachide, de colza et de certains poissons gras**
        × Recommandés car **non athérogènes**
    - Acides gras polyinsaturés : **5-10% des ANC (1/4 des lipides)** :
        × Oméga 6 : **acide linoléique** (huiles de tournesol et de maïs) et **acide arachidonique** (viande, œuf, lait maternel)
        × Omega 3 : **acide linolénique** (huiles de soja et de noix). D'autres acides retrouvés dans les **poissons gras et les fruits de mer** sont également indispensables
        × **Rôle protecteur des oméga 3 dans l'athérome**
        × Il existe un risque de carence en acides gras essentiels dans certains groupes : prématurés, femmes enceintes et allaitantes, personnes âgées, malabsorption

---

En pratique, la maîtrise de la consommation des lipides est nécessaire en prévention primaire (et secondaire) des pathologies cardiovasculaires, des cancers et de l'obésité ainsi que dans le traitement de l'insulinorésistance et des dyslipidémies. Baisser les AGS, augmenter les AGI et privilégier les oméga 3 sont les 3 mots-clés !!!

D. LES PROTEINES

1. Rôle des protéines et apports recommandés

- Rôles multiples : métabolisme (enzymes), structurel (muscles), défense (immunoglobulines), énergétique…
- **10 à 15% des apports caloriques totaux recommandés.** Apportent **4 kcal/g**
- On recommande **0,8 g/kg/jour**

2. Groupes à risque de carences protéique

- Sujet âgé
- Pathologies à pertes protéiques (QS dénutrition)

En pathologie, la maîtrise des apports protéiques est nécessaire :
- En cas de pathologie rénale : **supplémentation protidique** en cas de syndrome néphrotique ou protéinurie importante. **Restriction protidique** en cas d'IRC
- En cas de dénutrition protidique
- En cas d'hypercatabolisme protidique : corticothérapie, hypercorticisme de Cushing
- En cas de goutte ou d'hyperuricémie : suppression des aliments riches en **purines**

4 : iECN 2016 items 246-247

PRÉVENTION PRIMAIRE PAR LA NUTRITION ET MODIFICATION THÉRAPEUTIQUE DU MODE DE VIE
CHEZ L'ENFANT ET L'ADULTE (ALIMENTATION)

E. LES IONS (MACRO-ELEMENTS)

1. Le sodium

- Le sodium (Na+) est le principal cation **extracellulaire** de l'organisme. Il est, avant tout, le garant de **la volémie**

- Le bilan du sodium est assuré principalement par **le rein** et est régulé par :
    - Le système rénine-angiotensine-aldostérone
    - La sécrétion de facteur atrial natriurétique

- **Les ANC en sel pour la population générale sont de 4 g/jour**

- En pathologie, les apports de sodium doivent être limités dans les situations suivantes :
    - **Augmenter l'apport** en situation d'hypovolémie et de perte de sel : déshydratation extracellulaire, insuffisance surrénale
    - **Limiter l'apport** en cas d'IRC, d'HTA, d'insuffisance cardiaque, de surcharge hydro-sodée en général

> **Indépendamment de la tension artérielle, limiter l'apport en sel prévient les pathologies rénales et les pathologies cardiovasculaires.**

2. Le potassium

- Le potassium est le principal cation **intracellulaire** de l'organisme. Il est le principal garant du **bon fonctionnement des muscles** de l'organisme **et plus particulièrement des cellules myocardiques**

- Le bilan du potassium est assuré par **le rein** et est assuré par :
    - Le système rénine-angiotensine - aldostérone
    - Le système sympathique
    - Le pH de l'organisme

- Les apports de potassium doivent principalement être limités chez les patients **insuffisants rénaux**

3. Le calcium

- Le calcium est le minéral **le plus abondant de l'organisme** (environ **1 kg de poids !!**)
- **Rôles** : on lui distingue 2 rôles :
    - 99% du calcium contribue à la formation et la solidité **des os** et **des dents**
    - 1% du calcium est circulant et contribue à la coagulation, la conduction nerveuse et la contraction musculaire
- **Sources** :
    - **Les produits laitiers +++** : fromages à pâte cuite (1 g/100 g) > chèvre (0,2 g/100 g) > yaourts (0,15 g/100 g) > lait (0,1 g/100 g)
    - **Certaines eaux minérales** : Contrex et Talians (0,5 g/L)
- Sa physiologie est rappelée dans la question *Hypercalcémie*. Rappelons simplement que le stock calcique **se constitue très tôt** :
    - De 0 à 20 ans, l'activité des ostéoblastes est supérieure à celle des ostéoclastes **(mise en place du capital osseux)**
    - Puis, la tendance s'inverse en s'aggravant avec l'âge et avec la ménopause chez la femme

- Par ailleurs, en pathologie, les apports calciques doivent être maîtrisés :
  - **Limitation des apports** en cas d'hypercalcémie chronique, de lithiase calcique d'origine intestinale
  - **Augmentation des apports** en cas d'ostéoporose, d'hypocalcémie de l'IRC
- La **prévention de l'ostéoporose** est donc l'intérêt principal du respect des ANC et/ou de la supplémentation en calcium : 50% des plus de 65 ans ne consomment pas les 2/3 des ANC. Bien entendu, cette prévention ne s'envisage qu'avec :
  - L'éradication des autres FdR d'ostéoporose (en dehors des étiologies d'ostéoporoses dites secondaires) : femme ménopausée, âge, tabagisme, alcoolisme, sédentarité
  - Le début de la supplémentation **dès la mise en place du capital osseux** (croissance : donc enfant et adolescent)
- Les besoins, chez l'adulte de 18 à 55 ans, sont de **1.000 mg/jour**

> Le principal but du respect des ANC en calcium est la prévention de l'ostéoporose et de ses conséquences (fractures et handicap) dans les groupes à risque. Rappelez-vous bien que la prévention de la carence en calcium dans la période de croissance et chez la personne âgée est l'un des principaux objectifs du PNNS 1.

F. LE FER

- **Rôles :**
  - Il intervient dans la **synthèse de l'hémoglobine** et de la **myoglobine** (radical hème) et sert de **transporteur d'oxygène aux tissus +++**
  - C'est également un **cofacteur** de nombreuses réactions enzymatiques dont la **synthèse d'ADN**
- On le retrouve, dans l'organisme, pour une part sous forme de **réserve** (hépatique, corrélé à la ferritine circulante) et sous forme **circulante** (fer sérique fixé à la transferrine). On distingue :
  - Le fer **héminique** (70% - hémoglobine et myoglobine)
  - Le fer **non héminique** (30% - réserves et circulation)
- **Sources :**
  - **Les viandes,** principalement du fait de la teneur élevée et de la facilité d'assimilation du fer. Surtout : **boudin, foie, abats, viande rouge**
  - **Les produits laitiers**
  - **Certains légumes**
- **Métabolisme :**
  - Absorbé au niveau duodénal, le taux d'absorption est faible (de l'ordre de 20% pour la viande et 5% pour les légumes).
  - Pertes/utilisation :
    - Homme : 1 mg/jour (sueur, urines, peau, biles…)
    - Femme : **2 mg/jour** du fait des règles (**voire 4 mg/jour si règles abondantes +++**)
    - Grossesse : augmentation au cours de la grossesse **pour les besoins du fœtus**
    - Croissance : augmentation des besoins
- **En pathologie :**
  - **La carence martiale** et sa conséquence, **l'anémie ferriprive** représentent une pathologie fréquente. Une étude récente a souligné que dans certains groupes à risque, il y avait **une absence de réserves en fer (25% des femmes en âge de procréer)**

4 : iECN 2016 items 246-247

PRÉVENTION PRIMAIRE PAR LA NUTRITION ET MODIFICATION THÉRAPEUTIQUE DU MODE DE VIE
CHEZ L'ENFANT ET L'ADULTE (ALIMENTATION)

- Ces groupes à risque sont :
    - × **Les femmes en âge de procréer** ayant des règles régulières (surtout si règles abondantes) : apports en général faibles + menstruations
    - × **Les femmes enceintes** : les besoins augmentent au fur et à mesure de la croissance du fœtus (surtout si jumeaux ou triplés) et les pertes sont importantes à l'accouchement (surtout si grossesses rapprochées)
    - × **Les nourrissons** : réserves faibles + besoins pour **la croissance** + faible teneur en fer du lait maternel ou de leur alimentation (intérêt de la **diversification** précoce)
    - × **Jeunes enfants** : croissance
    - × **Adolescents et surtout adolescentes** : poussée de croissance + règles débutant pour les filles + rejet habituel de la viande à cette période
    - × **Les végétariens ou végétaliens**
    - × **Bas niveau socio-économique** : la viande est chère !!
- Les ANC dans la population adulte sont :
    - **Homme adulte : 10 mg/jour**
    - **Femme ménopausée : 10 mg/jour**
    - **Femme réglée : 15 mg/jour**

> **Le principal but du respect des ANC en fer est la prévention de la carence martiale et de l'anémie ferriprive dans les groupes à risque. Rappelez-vous bien que la prévention des carences en fer est l'un des principaux objectifs du PNNS 1.**

G. LA VITAMINE B9 (FOLATES)

- La vitamine B9 est une vitamine hydrosoluble également appelée **acide folique**
- **Rôles :**
    - Métabolisme des acides aminés et des acides nucléiques (ADN, ARN)
    - Synthèse de neuromédiateurs
    - Développement des tissus de la femme enceinte, du placenta et du fœtus
- **Sources :** levure, foie (volaille), lentilles, épinards, pissenlits
- **En pathologie :**
    - **Troubles liés au non-renouvellement des tissus à turn-over rapide** (carence protéique et ADN, ARN) : anémie macrocytaire, troubles muqueux et digestifs
    - **Troubles de la synthèse des neuromédiateurs :** troubles neurologiques variés d'installation progressive
    - **Surtout pathologies obstétricales :** anomalies de développement des tissus maternels (placenta, circulation maternelle) et fœtaux avec, en particulier, les anomalies de **la neurulation avec fermeture incomplète du tube neural** *(spina bifida, anencéphalie)*. Un **RCIU** multifactoriel peut également en résulter
    - **Enfin, rôle possible de la carence dans la pathologie cardiovasculaire *via* l'hyperhomocystéinémie** (marqueur de risque cardiovasculaire, favorisé dans la carence en folates)
- **Les ANC :**
    - **Homme adulte : 350 µg/jour**
    - **Femme adulte : 300 µg/jour**

Dans notre pays, 30% des femmes en âge de procréer présentent un risque de carence en folates et 800 grossesses pathologiques directement liées à cette carence sont constatées chaque année.

Le principal but du respect des ANC en vitamine B9 est la prévention des anémies mégaloblastiques et surtout des malformations et du retard de croissance fœtal. Ce dernier objectif est l'une des priorités du PNNS 1.

H. LA VITAMINE D

- La vitamine D est une vitamine liposoluble qui a la particularité, par rapport aux autres vitamines, d'être **synthétisée en partie par l'organisme**
- **Rôles :**
  - Favorise **l'absorption intestinale du calcium et du phosphore** (sous réserve que ceux-ci soient apportés en quantité suffisante par l'alimentation)
  - Permet donc **la minéralisation optimale** des tissus minéralisés
  - Et assure **l'homéostasie** phosphocalcique de l'organisme
- **Sources :** principalement les **poissons gras :**
  - La célèbre **huile de foie de morue (200 µg/100 mg)**
  - Saumon, hareng, sardine, maquereau **(10-20 µg/100 g)**
  - Abats et charcuterie **(1 µg/100 g)**
- **Métabolisme :**
  - 2 origines :
    - × Alimentaire : voir sources
    - × Synthèse au niveau de la peau sous l'influence des UV (d'où le risque chez les personnes s'exposant peu au soleil)
  - Mise en réserve au niveau du foie, du muscle et du tissu adipeux pour utilisation au besoin durant les périodes hivernales
  - Transformation en vitamine D3 (active) *via* une enzyme sécrétée par **le rein : la 1-alpha hydroxylase**
- **En pathologie :**
  - **Il existe 2 conséquences directes** de la carence en vitamine D : **le rachitisme (enfant) et l'ostéomalacie (adulte)**
  - Parfois, on peut observer une **hypocalcémie importante** (convulsions, torsades de pointe par allongement du QT)
  - Enfin, c'est un facteur favorisant de l'**ostéoporose**
  - Il existe des groupes à risque, bien sûr, chez qui une supplémentation doit être envisagée :
    - × Nouveau-nés, nourrissons (ils s'exposent peu, en général !!)
    - × Personnes âgées surtout en institution/grabataires (s'exposent peu/mangent moins)
    - × Malabsorption (vitamine liposoluble)
    - × Femme enceinte (en dépendent les réserves de l'enfant)
    - × Peau pigmentée
- **Les ANC : hommes et femmes adultes = 5 µg/jour**

Le principal but du respect des ANC en vitamine D est la prévention du rachitisme de l'enfant et de l'ostéomalacie de l'adulte. Plus indirectement, elle participe à la prévention de l'ostéoporose et, donc à la prévention des fractures et des handicaps chez la personne âgée. Ce dernier objectif est l'une des priorités du PNNS 1.

4 : iECN 2016 items 246-247

PRÉVENTION PRIMAIRE PAR LA NUTRITION ET MODIFICATION THÉRAPEUTIQUE DU MODE DE VIE
CHEZ L'ENFANT ET L'ADULTE (ALIMENTATION)

NUTRIMENTS	GROUPES A RISQUE	APPORTS
PROTIDES	- Sujet âgé	- 1,2 g/kg/jour
	- Femme enceinte	- +0,1 g/kg/jour chaque trimestre
CALCIUM	- Adolescent en croissance	- 1.200 mg/jour
	- Femme ménopausée (> 55 ans)	- 1.200 mg/jour
	- Sujet âgé (> 65 ans)	- 1.200 mg/jour
	- FdR d'ostéoporose	- 1.200 mg/jour
VITAMINE D	- NN, nourrissons	- 800 ui/jour
	- Femmes enceintes	- 800 ui/jour
	- Personnes âgées (institution)	- 800 ui/jour
FER	- NN, nourrissons	- 7 mg/jour
	- Adolescents (croissance)	- 12 mg/jour
	- Adolescentes (croiss + règles)	- 15 mg/jour
	- Femme réglée	- 15 mg/jour
	- Femme enceinte	- 30 mg/jour
	- FdR carence martiale	- 15 mg/jour
FOLATES	- Femme enceinte	- 400 µg/jour

II. ARGUMENTER LA PROMOTION D'UNE ALIMENTATION EQUILIBREE (DEFINITION, MODALITES, SOUTIEN MOTIVATIONNEL)

A. L'EQUILIBRE ALIMENTAIRE

• L'aliment idéal, apportant tous les macronutriments et micronutriments dans les proportions recommandées, n'existe pas. Il faut donc utiliser tous les aliments disponibles afin d'obtenir un apport **varié** et **réalisable** au long cours

• Les bases physiologiques reposent, nous l'avons dit, sur **le respect des ANC** et, éventuellement, leur adaptation vis-à-vis de **l'appartenance à un groupe à risque**

• Dans un but pédagogique, l'ancienne pyramide alimentaire s'étant révélée trop abstraite, a été développée l'image du **bateau alimentaire**. Chaque élément est représenté, bien sur, par un segment proportionnel à l'apport conseillé, mais, de plus, son rôle en navigation symbolise son rôle physiologique principal

• On a donc **6 composantes** :

LES 6 COMPOSANTES DU BATEAU ALIMENTAIRE

1. **COQUE** (ossature = squelette et muscles) : viande – poissons – œufs – produits laitiers
   × **Protéines animales, vit. B, fer, calcium**

2. **QUILLE** (socle = réserves énergétiques) : graisses
   × **Lipides, Vit. ADEK**

3. **GRAND VOILE** (moteur = énergie disponible) : pain, céréales, p. de terre, légumes secs
   × **Glucides à IG bas, protéines végétales, vit. B**

4. **PETITE VOILE** (starter = énergie immédiate et brève) : sucre et produits sucrés
   × **Glucides à IG élevé**

5. **FOCS DE PROUE** (piliers = microcomposants) : fruits et légumes
   × **Eau, fibres, glucides**

6. **EAU DE NAVIGATION** (eau) **ET TONNEAU FREINATEUR** (alcool)

- Rappelons que notre comportement alimentaire répond à un triple rôle (voir chapitre de début) : fonction **d'apport d'énergie et de nutriments** (rôle biologique), mais également une fonction **hédonique** (plaisir) et une fonction **symbolique.** La sélection de nos aliments dépend donc de leur valeur olfactive, gustative, symbolique et de leur **coût**

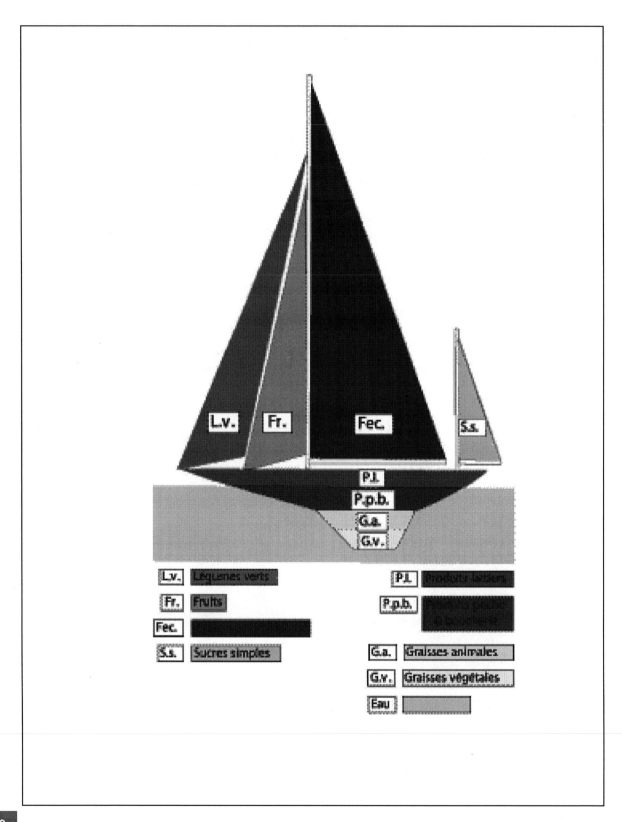

4 : iECN 2016 items 246-247

PRÉVENTION PRIMAIRE PAR LA NUTRITION ET MODIFICATION THÉRAPEUTIQUE DU MODE DE VIE
CHEZ L'ENFANT ET L'ADULTE (ALIMENTATION)

B. LES OBJECTIFS RECOMMANDES

- Le choix de l'alimentation se fera selon les étapes suivantes :
  - Application des principes généraux (tableau)
  - Adapter ensuite selon le terrain
  - Puis affiner selon les goûts personnels
- Retenez surtout les principes généraux, pour 3 repas :

VIANDES/POISSONS	1 portion par jour
ŒUFS/CHARCUTERIE	3 portions par semaine
LAIT ET PRODUITS LAITIERS	3 portions par jour
LEGUMES/LEGUMINEUSES/CEREALES	2 portions par jour
FRUITS	1 agrume par jour + 1 fruit de saison
PAIN	3 portions par jour
LIPIDES	1 portion par repas

C. L'ENQUETE ALIMENTAIRE

- L'évaluation des apports est un préalable indispensable à toute action dans le domaine de la nutrition
- Le principal biais pouvant fausser cette évaluation est, bien sûr, **la subjectivité.** Celle-ci est propre à chaque individu et peut conduire à des erreurs au niveau :
  - De l'**estimation**
  - De la **déclaration**
- Il existe plusieurs méthodes, chacune avec ses avantages, ses inconvénients et ses indications préférentielles. On ne vous demandera pas de les maîtriser au détail près, mais d'en connaître les grands principes

METHODES D'EVALUATION DE L'APPORT ALIMENTAIRE

1. **INTERROGATOIRE ALIMENTAIRE**
2. **CARNET ALIMENTAIRE**
3. **HISTOIRE ALIMENTAIRE**
4. **QUESTIONNAIRE DE FREQUENCE**

1. Les techniques

a. L'interrogatoire alimentaire

- Il s'agit d'une méthode **rétrospective.** Elle a principalement un but de **débrouillage**
- Elle consiste en :
  - Un rappel des aliments des dernières 24 heures
  - La composition des repas et le mode de préparation
  - La nature et la quantité de prises inter-prandiales
- Principaux avantages : rapide et utilisable
- Principaux inconvénients : liés à la **mémorisation** et à des erreurs de déclaration causées par le désir **d'approbation sociale** (le patient se sent jugé, même inconsciemment, par le soignant)

b. Le carnet alimentaire

- Il s'agit d'une méthode **prospective.** Faisant suite à la 1ère consultation, elle apporte de nombreux renseignements
- Elle consiste en :
  - Noter sur un carnet aliments et boissons consommés sur une période de **3 à 7 jours** (pourquoi cette durée ? Plus court, les informations sont trop peu précises. Plus long, la motivation se perd)
  - Tâcher de noter ces informations **en temps réel,** au fur et à mesure, afin de supprimer le biais de mémorisation
  - Peser si possible les aliments et préciser sur le carnet les quantités et les recettes utilisées
- Principaux avantages : informations fiables, aucun biais, recul sur journée et semaine
- Principaux inconvénients :
  - Nécessité de savoir lire et écrire (attention : les populations les plus exposées aux erreurs nutritionnelles sont les plus défavorisées sur le plan socio-éducatif)
  - Nécessité de la collaboration et de la motivation du patient
  - Modification des habitudes alimentaires induite par l'auto-observation (ce biais constitue cependant l'une des bases du traitement de l'obésité !!)

c. L'histoire alimentaire : interrogatoire alimentaire + carnet sur 3 jours

d. Les questionnaires de fréquence : cette méthode consiste à noter, sur une liste préétablie, la fréquence de consommation de certains groupes d'aliments. L'indication principale est de cerner **le risque de carence en certains nutriments**

D. NUTRITION PREVENTIVE : EN PRATIQUE

1. Dépistage

> **Avant tout, il faut qu'il y ait un but nutritionnel à la consultation : il ne faut agir que s'il y a un réel bénéfice à une intervention.**

- A l'issue de la 1ère consultation, 3 objectifs doivent être remplis (à noter que l'on retrouve ici la triade diététique/comportement alimentaire/patient) :
  - **Connaître les habitudes diététiques** (type d'aliment, quantité, répartition)
  - **Cerner le comportement alimentaire et dépister les TCA**
  - **Sensibiliser le patient à sa nutrition** (préalable indispensable à tout changement de comportement à long terme)
- Il importe alors de pratiquer un **interrogatoire précis** en insistant sur les aspects sociaux, économiques, culturels, éducatifs et psychologiques du patient. A cela doit se rajouter le classique interrogatoire médical sur les ATCD personnels et familiaux, le mode de vie, les traitements pris et les maladies chroniques éventuelles
- Il faut, lors de cet interrogatoire, **cerner le comportement alimentaire** en dépistant **les symptômes éventuels** (voir chapitre de début sur le comportement alimentaire). Il faut faire préciser l'alternance des repas, les conditions de recherche et de préparation des aliments. S'il existe des prises inter-prandiales, il faut en déterminer les facteurs conditionnants
- En ce qui concerne la diététique elle-même, il faut utiliser *l'interrogatoire alimentaire,* prescrire *un carnet alimentaire* si besoin ou se contenter du *questionnaire de fréquence* si l'on cherche à établir un risque de carence réel

4 : iECN 2016 items 246-247

PRÉVENTION PRIMAIRE PAR LA NUTRITION ET MODIFICATION THÉRAPEUTIQUE DU MODE DE VIE
CHEZ L'ENFANT ET L'ADULTE (ALIMENTATION)

- A l'issue de cette consultation, on doit donc normalement savoir :
  - **Si le patient appartient à un groupe à risque de carence**
  - **Si le patient présente un TCA**
  - **Si le patient est motivé à modifier ses habitudes alimentaires**
  - **Si le patient présente une pathologie nutritionnelle**
- Encore une fois, le schéma proposé ici ne s'applique pas à un patient venant consulter pour un motif précis dans le domaine de la nutrition. Il s'agit de la conduite à tenir pour **dépister** des pathologies ou des habitudes néfastes dont les principaux déterminants sont nutritionnels !!!

2. Prise en charge : les conseils

- D'une manière générale, nous l'avons dit, l'intervention nutritionnelle doit prendre en compte 3 facteurs : le terrain (pathologies, âge, activité, groupe à risque ?), le comportement alimentaire et la diététique
- Les conseils doivent donc porter sur :
  - **Les aliments : choix, fréquence de consommation**
  - **Le comportement alimentaire : rythme des prises, structure et organisation des repas**
  - **Mesures complémentaires spécifiques au terrain** (groupe à risque, grossesse, enfant, personne âgée, sportif) **ou à une pathologie donnée** (voir question Prescription d'un régime diététique)
- **Les aliments :**
  - **Diversifier l'alimentation** (voir tableau plus haut) afin de couvrir l'ensemble des ANC et d'habituer ses sens à plusieurs goûts et odeurs différentes
  - **Ajuster la fréquence de consommation de certains aliments :** limiter certains aliments (selon le terrain : éviter des frites si tendance à prendre du poids) et insister sur la consommation de certains autres (selon le terrain : ne pas manger végétarien si groupe à risque de carence martiale)
  - **Savoir lire les étiquetages nutritionnels**
- **Le comportement alimentaire :**
  - **Rythme des repas :** par tradition en France, l'alimentation est répartie en 3 repas principaux (petit-déjeuner, déjeuner, dîner) et un goûter vers 16 h. Cependant, il ne faut pas être rigide. Certains sautent le petit-déjeuner et il n'a jamais été démontré qu'il était indispensable +++. Seul principe : **éviter un jeûne prolongé**
  - En revanche, **fractionner en 5 ou 6 prises** peut aider à lutter contre les consommations inter-prandiales
  - **Structure et organisation des repas :** par tradition, encore une fois, il s'agit généralement du classique 'entrée + plat + dessert'. Mais il faut savoir rester souple, du moment que l'équilibre est atteint sur la semaine, sans cautionner des repas fantaisistes à répétition. Le repas doit rester un moment convivial et de détente, abordé sans stress, composé d'aliments appréciés !!
- **Le terrain :**
  - Soit il n'existe aucune pathologie et le patient n'appartient à aucun groupe à risque de carences : l'adaptation se fera en fonction des besoins selon l'âge, l'activité sportive...
  - Soit le patient appartient à un groupe à risque : dans ce cas, le choix des aliments et la fréquence de consommation de certains devront être adaptés et une supplémentation parfois envisagée
  - Soit il existe une pathologie à déterminisme nutritionnel : dans ce cas, l'intervention nutritionnelle sort du cadre de la nutrition de la population générale et doit être strictement encadrée (voir *Prescription d'un régime diététique*)

III. SAVOIR PRESCRIRE ET CONSEILLER EN DIETETIQUE

- L'alimentation est un facteur déterminant dans certaines pathologies dont la plupart sont des maladies à déterminisme métabolique. La prescription diététique est donc une partie intégrante et parfois **primordiale** du traitement de ces maladies
- Il s'agit d'une méthode économique, sans effets secondaires importants **si elle est prescrite correctement** et très efficace si l'on se donne les moyens d'une compliance au long cours
- Dans la première partie, nous étudierons les grands principes encadrant la prescription d'une nouvelle alimentation, puis nous étudierons les principes diététiques de plusieurs pathologies, choisies pour leur fréquence et leur probabilité de faire l'objet d'une question au concours !!

A. LES GRANDS PRINCIPES

- La prescription alimentaire n'est pas une finalité en soi : **elle doit s'inscrire dans une démarche thérapeutique globale**
- Il s'agit d'un acte thérapeutique : elle comporte par conséquent certains **risques** à comparer au bénéfice attendu : **il faut connaître les risques et les bénéfices attendus de chaque alimentation !!**
  - Un régime restrictif peut exposer à une **dénutrition** chez des sujets fragiles (personnes âgées)
  - Un régime non équilibré peut exposer à **des carences en micronutriments**
  - Un régime trop austère peut exposer un sujet obèse à **la restriction cognitive**
- L'évaluation du patient doit être complète (comme pour toute maladie avant de prescrire le traitement). Donc, il faut disposer des 3 éléments habituels :
  - Du bilan somatique complet et de l'état nutritionnel (maladie + groupe à risque de carence) : le patient
  - De l'évaluation des apports alimentaires et des habitudes alimentaires : la diététique
  - De l'évaluation du comportement alimentaire
- Il faut, enfin, **expliquer au patient l'intérêt de modifier l'alimentation** en lui expliquant sa maladie (cela fait partie de **l'éducation du patient** dans toutes les maladies chroniques)

EN RESUME : LES GRANDS PRINCIPES

1. **INCLURE L'ALIMENTATION DANS LE PROJET THERAPEUTIQUE**
2. **PESER LE RAPPORT BENEFICE/RISQUE AU LONG COURS**
3. **EVALUATION PRECISE :**
   - → **Du patient : la pathologie, le terrain (groupe à risque de carence ?)**
   - → **Du comportement alimentaire**
   - → **De la diététique : évaluation des apports et habitudes alimentaires**
4. **EXPLIQUER L'INTERET DU CHANGEMENT D'ALIMENTATION**
5. **REEVALUER ET REPRENDRE LES POINTS DIFFICILES**

4 : iECN 2016 items 246-247

PRÉVENTION PRIMAIRE PAR LA NUTRITION ET MODIFICATION THÉRAPEUTIQUE DU MODE DE VIE
CHEZ L'ENFANT ET L'ADULTE (ALIMENTATION)

B. LA PRESCRIPTION

- Il faut tout d'abord préciser les différentes pathologies ciblées qui, parfois, sont intriquées (exemple : un diabétique obèse avec une goutte ou un insuffisant rénal hypertendu)
- Pour chaque pathologie, il faut déterminer les apports en chacun des grands groupes de **nutriments** (voir tableau)
- Puis, il faut passer en revue les différents groupes d'aliments répondant à la prescription et les aliments à éviter (**attention de ne pas être trop strict inutilement +++** : facteur de non-observance)

LES CATEGORIES A CONSIDERER

1. **ENERGIE : normo-calorique, hypercalorique ou hypo-calorique (adaptée à l'IMC)**
2. **LES MACRONUTRIMENTS : équilibré ou élargissement/restriction d'un groupe**
3. **LES GLUCIDES : exclusion des sucres d'IG élevés ? (diabète, hyper-TG)**
4. **LES LIPIDES : hypocholestérolémiant ou non ? Restriction des AG saturés ?**
5. **LES PROTIDES : restriction protidique ou élargissement ? Hypo-purinique ou non ?**
6. **LE SODIUM : restriction/supplémentation sodée ou non ?**
7. **LE POTASSIUM : restriction potassique ou non ?**
8. **LE CALCIUM : supplémentation ou restriction calcique ?**
9. **ACIDE/BASE : diurèse alcaline ou non ?**
10. **EAU : restriction hydrique ou hyperhydratation ? (goutte, lithiases, infections urinaires)**
11. **CERTAINS GROUPES DE NUTRIMENTS (fer, phosphore, vitamine D) plus spécifiques selon la pathologie**

C. QUELQUES PRESCRIPTIONS

1. Prévention de l'athérome

- **Lipides :** 30-35% - hypocholestérolémiant + privilégier AGI et oméga 3
- **Protides :** 15-20% - ne pas dépasser **50% de protéines animales**
- **Sodium :** apport sodé de 4-6 g/jour de sel maximum
- **Alcool :** ne pas le contre-indiquer sauf si excès ou autre indication à l'arrêter
- **Groupes d'aliments :** fruits et légumes, aliments riches en fibre +++
- **Pour le reste :** recommandations de la population générale et/ou adaptées à une autre pathologie

2. Hypercholestérolémie : rejoint, en 2013, le régime de prévention de l'athérome

3. Diabète

- **Glucides :** 50-55% - éviter les glucides d'IG élevés
- **Hyperhydratation :** lutte contre les infections urinaires
- **Régime de prévention de l'athérome**
- **Pour le reste :** population générale et/ou adapté à autre pathologie

4. La goutte et l'hyperuricémie

- **Protides** : 15-20% - éviter les aliments riches en purines
- **Hyperhydratation avec diurèse alcaline** : eau de Vichy
- **Eviter l'alcool** : 1 verre de vin par repas maximum
- **Pour le reste** : population générale et/ou adapté à autre pathologie

5. L'hypertension artérielle

- **Restriction sodée** : < 4 g/jour dans l'idéal
- **Eviter l'alcool** : 1 verre de vin par repas maximum
- **Régime de prévention de l'athérome**
- **Pour le reste** : population générale et/ou adapté à autre pathologie

6. Un peu plus complexe : UN SYNDROME METABOLIQUE COMPLET (diabète + obésité + HTA + hypertriglycéridémie + goutte avec FdR d'athérome)

IL SUFFIT D'ADDITIONNER LES MESURES

- **Energie** : alimentation hypocalorique (obésité, HTA, hyper-TG)
- **Régime équilibré** (pas d'indication à restriction)
- **Glucides** : 50-55% - éviter sucres d'IG rapides (diabète, hyper-TG)
- **Lipides** : 30-35% - privilégier AGI et oméga 3 - hypocholestérolémiant (athérome, hyper-TG)
- **Protides** : 15-20% - 50% de protéines animales maximum (athérome) - hypo-puriniques (goutte)
- **Sodium** : restriction sodée < 4 g/jour de sel (athérome, HTA)
- **Potassium** : population générale
- **Calcium** : population générale
- **Acide/base** : diurèse alcaline (goutte)
- **Hydratation** : diurèse abondante donc hyperhydratation (goutte, infections urinaires du diabète)
- **5 fruits et légumes par jour et aliments riches en fibres**
- **Alcool** : l'hyper-TG et la goutte doivent faire éviter sa consommation (tout à fait autorisée au demeurant dans le cadre de la prévention de l'athérome)

7. L'insuffisance rénale chronique

- **Energie** : selon l'IMC, mais **ne pas être trop restrictif** (risque de dénutrition)
- **Protides** : restriction protidique si IRC sévère (0,6 g/kg/jour) sinon 0,8 g/kg/jour (freine l'évolution vers l'IR terminale)
- **Glucides** : 50-55% - éviter les sucres d'IG élevés si IRC sévère (ou diabète... 1ère cause d'IRC terminale avec l'HTA, tout de même !!)
- **Lipides** : 30-35% - 5-10% d'AGS et 15-20% d'AGS
- **Sodium** : restriction sodée < 4 g/jour (lutte contre HTA et hypervolémie)
- **Potassium** : restriction potassique en cas d'hyperkaliémie (en pratique si IRC sévère)
- **Calcium** : apports de calcium pour lutter contre l'hyperparathyroïdie secondaire et l'ostéodystrophie rénale (mais attention : les produits laitiers contiennent aussi du phosphore, qu'il faut limiter, donc **pas de produits laitiers +++)**
- **Acide/base** : alcalinisation (lutte contre l'acidose) par Vichy ou sirop de Tham (la Vichy contient beaucoup de sel)
- **Eau** : maintenir une bonne diurèse - pas de restriction hydrique

4 : iECN 2016 items 246-247

PRÉVENTION PRIMAIRE PAR LA NUTRITION ET MODIFICATION THÉRAPEUTIQUE DU MODE DE VIE
CHEZ L'ENFANT ET L'ADULTE (ALIMENTATION)

- **Fer** : nécessaire dès la prescription d'EPO (lutte contre l'anémie)
- **Règles de prévention de l'athérome**
- **Reste : population générale**

8. La corticothérapie au long cours

- **Energie** : normo-calorique - hypo-calorique si prise de poids
- **Protéines** : 15-20% - 1 g/kg/jour si > 50 mg de corticoïdes
- **Glucides** : 50-55% - éviter les sucres d'IG élevé
- **Lipides** : 30-35% - hypocholestérolémiant - 5-10% d'AGS - 15-20% d'AGI
- **Sodium** : restriction sodée (4 g/jour) à partir de 20 mg/jour
- **Potassium** : supplémentation potassique (aliments)
- **Calcium** : au moins 1.200 mg/jour de calcium
- **Vitamine D** : supplémentation en vitamine D (800 ui/jour au total)
- **Reste** : population générale et/ou adaptée à autre pathologie (en particulier pathologie sous-jacente)

ET EN PRIME... LE PACK DES INDISPENSABLES MOTS-CLES
LE « SOUTIEN MOTIVATIONNEL »

1. APRES ENQUETE ALIMENTAIRE, AVEC L'AIDE D'UNE DIETETICIENNE
2. ADAPTE AU TERRAIN
3. RESPECT DES GOUTS DU PATIENT
4. INDIVIDUALISATION
5. SUIVI AU LONG COURS ET REEVALUATION

	Obésité	Diabète	Athérome	Femme enceinte	HTA	Corticoïdes	IRC
Calories	Hypocalorique						Suffisant
Glucides		40-50% IG faibles Solides					
Lipides	40% Surtout AGI Limiter AGS Chol < 300	40% Surtout AGI Limiter AGS Chol < 300	40% Surtout AGI Limiter AGS Chol < 300		40% Surtout AGI Limiter AGS Chol < 300	40% Surtout AGI Limiter AGS Chol < 300	40% Surtout AGI Limiter AGS Chol < 300
Protides						Enrichir	Restriction si sévère
Sodium	Limiter < 4 g/jour	Limiter < 4 g/jour	Limiter < 4 g/jour		Limiter < 4 g/jour	Limiter < 4 g/jour	
Potassium						Enrichir	Restriction si sévère
Acide/base							Alcaliniser si besoin
Fer				Besoins augmentés			Besoins augmentés sous EPO
Folates				0.4 g/jour 4 g/jour si ATCD malformé			
Calcium Vitamine D				Enrichir 1 ampoule 7ème mois		Enrichir 1.2 g/jour 800 ui/jour	Enrichir 1.2 g/jour 800 ui/jour
Iode				250 mg/jour			
Boissons spécifiques	1 verre de vin/repas	1 verre de vin/repas	1 verre de vin/repas	Pas d'alcool	1 verre de vin/repas		Hydratation diurétique
Aliments spécifiques	5 fruits et légumes, fibres	5 fruits et légumes, fibres	5 fruits et légumes, fibres	Listériose Toxo	5 fruits et légumes, fibres	5 fruits et légumes, fibres	5 fruits et légumes, fibres (à concilier avec potassium)
Activité physique	Régulière Endurance	Régulière Endurance	Régulière Endurance	Douce adaptée	Régulière Endurance	Régulière Endurance	Régulière Endurance

LES OBJECTIFS DU CNCI :

- Connaître les besoins nutritionnels de la femme enceinte.

- Connaître l'impact de la nutrition maternelle sur la santé à long terme de l'enfant.

- Savoir prévenir des carences nutritionnelles pendant la grossesse.

- Dépister et prendre en charge le diabète gestationnel.

I. PHYSIOLOGIE DE LA GROSSESSE

- La grossesse se déroule en 4 étapes :
  - **Fécondation et implantation** (2 semaines)
  - **Organogenèse** (6 semaines) : stade de formation des ébauches d'organes et différenciation des cellules. Période **critique** de **division cellulaire intense.** Les carences nutritionnelles peuvent donner lieu à des **malformations** ou des **retards de formation**
  - **Croissance fœtale** (7 mois) : tissus et organes atteignent leur maturité anatomique et **physiologique.** Le bon développement du fœtus dépend du fonctionnement de l'**unité fœto-placentaire** et, en particulier, des **apports nutritionnels** qui participent à la croissance et au **stockage** de différents nutriments
  - **Accouchement :** pertes sanguines +++

- Donc, le respect des ANC permet :
  - Les modifications de l'organisme maternel
  - Le développement et la croissance de l'embryon et du fœtus
  - Le fonctionnement de l'unité fœto-placentaire
  - Afin de mener **une grossesse à terme, sans complications pour la mère ou le fœtus**

- Notez que **l'adaptation physiologique de l'organisme** à la grossesse permet un étalement et une économie de consommation de la plupart des nutriments

> EN THEORIE, UNE FEMME ENCEINTE BIEN NOURRIE ET EN BONNE SANTE, RESPECTANT LES ANC, N'EST PAS UNE CANDIDATE A UNE QUELCONQUE SUPPLEMENTATION DURANT LA GROSSESSE.

FACTEURS DE RISQUE DE CARENCE NUTRITIONNELLE
CHEZ LA FEMME ENCEINTE

1. **JEUNES**
2. **BAS NIVEAU SOCIO-ECONOMIQUE ET EDUCATIF**
3. **GROSSESSES RAPPROCHEES**
4. **GROSSESSES MULTIPLES (JUMEAUX, TRIPLES)**
5. **INTOXICATION ALCOOLO-TABAGIQUE**
6. **PATHOLOGIE CHRONIQUE SOUS-JACENTE**

II. 5 PROBLEMES PRIORITAIRES CHEZ LA FEMME ENCEINTE

5 AXES PRIORITAIRES CHEZ LA FEMME ENCEINTE

1. **LE FER :** PREVENTION DE LA CARENCE MARTIALE ET DE L'ANEMIE
2. **L'ACIDE FOLIQUE :** PREVENTION DES MALFORMATIONS DU SNC
3. **LA VITAMINE D :** PREVENTION DU RACHITISME DU NOURRISSON
4. **L'IODE :** PREVENTION DU GOITRE (MERE) ET DE L'HYPOTHYROIDIE (N.NE)
5. **RISQUES INFECTIEUX :** TOXOPLASMOSE ET LISTERIOSE

III. ENERGIE

- Rappel sur le poids (voir *Diabète et grossesse*) : gain conseillé d'environ 1 kg/mois (7 à 18 kg selon IMC de départ). Attention aux risques de diabète gestationnel, d'HTA gravidique et de macrosomie
- Chez les femmes de poids normal, du fait de la baisse d'activité physique accompagnant normalement la grossesse, on recommande :
  - 1er **trimestre : + 100 kcal/jour**
  - 2ème **et** 3ème **trimestres : + 300 kcal/jour**

IV. MACRONUTRIMENTS

- **Protéines :**
  - Du fait de l'adaptation, il n'y a normalement pas, dans la population générale, de risque de carence en protéines
  - On recommande :
    - × 1er **trimestre : 0,8 g/kg/jour**
    - × 2ème **trimestre : 0,9 g/kg/jour**
    - × 3ème **trimestre : 1 g/kg/jour**
- **Lipides et glucides :** suivre les ANC quantitatifs et qualitatifs de la population générale

V. BESOINS EN FER

- Utilisation : **1.000 mg !!**
    - Réserves fœtales (pour 6 mois) : 300 mg
    - Placenta : 100 mg
    - Augmentation de la masse globulaire maternelle : 400 mg
    - Pertes à l'accouchement : 200 mg
- Compensation modérée par l'**augmentation de l'absorption digestive du fer**
- On recommande un apport de **30 mg/jour +++**
- **Mais attention : si une anémie par carence martiale nécessite une supplémentation,** il faut savoir qu'**un excès de fer peut également être dangereux** (risque de RCIU)

> On recommande donc une NFS systématique en début de grossesse et à 6 mois et de **ne supplémenter qu'en cas d'anémie ferriprive.**

VI. BESOINS EN FOLATES

- Rappelons que, durant la grossesse, les folates participent essentiellement au développement des tissus de la femme enceinte, du placenta et du fœtus
- Si la femme présente une carence en folates en début de grossesse, les risques sont :
    - Anomalies de développement des tissus maternels (placenta, circulation maternelle)
    - Malformations fœtales avec, en particulier, les anomalies de **la neurulation avec fermeture incomplète du tube neural** *(spina bifida*, anencéphalie)
    - Un **RCIU** multifactoriel peut également s'observer
- Pour la femme enceinte, les besoins sont estimés à **400 µg/jour** (augmenter les apports alimentaires et, éventuellement, supplémenter). On recommande donc une **supplémentation systématique de 0,4 mg/jour à débuter dès l'arrêt de la contraception et/ou le désir de grossesse et à arrêter à 8 semaines de grossesse**
- Par ailleurs, en prévention secondaire des malformations neurologiques ou dans certaines situations à risque (diabète), on recommande une **supplémentation systématique** de **5 mg/jour à débuter dès l'arrêt de la contraception et/ou le désir de grossesse et à arrêter à 8 semaines de grossesse**

> Dans notre pays, 30% des femmes en âge de procréer présentent un risque de carence en folates et 800 grossesses pathologiques directement liées à cette carence sont constatées chaque année. La supplémentation est donc systématique dès le désir de grossesse jusqu'à 2 mois de grossesse.

VII. BESOINS EN IODE

- **Les besoins en iodes augmentent au cours de la grossesse et de l'allaitement (passant de 150 à 200 µg/jour)** du fait d'une augmentation de la filtration glomérulaire et du transfert vers le fœtus pour ses propres besoins puis dans le lait maternel. Or, la plupart des femmes en âge de procréer ont des apports insuffisants en France
- **Du fait de cette carence et d'autres phénomènes, la stimulation thyroïdienne est globalement augmentée** par augmentation de TSH et du fait de la sécrétion d'hCG

31

- Il en résulte :
  - **Une hyperplasie de la thyroïde (goitre)** d'abord réversible puis irréversible avec risque d'apparition de nodules
  - **Parfois, une hypothyroïdie maternelle** (dans les zones d'endémies goitreuses avec carence sévère en iode, souvent préexistante à la grossesse) induisant une **hypothyroïdie fœtale et néonatale** (goitre fœtal) et des **troubles du développement psychomoteurs** (voir plus bas)
- Prise en charge :
  - **Dépistage des carences en iode** chez les femmes enceintes, en âge de procréer ou, encore mieux, chez l'ensemble de la population (enquête alimentaire +++)
  - **Dépistage d'un goitre** par palpation systématique chez la femme enceinte
  - **Supplémentation iodée et/ou mesures alimentaires** afin de garantir un apport iodé de 150 µg/jour chez toute femme et de 250 µg/jour chez la femme enceinte
  - Certains recommandent une supplémentation iodée systématique par iodure de potassium chez la femme enceinte ou allaitante

VIII. BESOINS EN CALCIUM ET VITAMINE D

- Chez la femme enceinte, le problème est double :
  - Les taux circulants en vitamine D **sont plus élevés chez la mère** que chez le fœtus
  - L'activation de la VD se fait **dans l'unité fœto-placentaire**
- Or, en France en général, et dans les groupes à risque en particulier, la femme enceinte qui finit sa grossesse **est carencée en vitamine D.** Cela risque de provoquer des **hypocalcémies néonatales** et, les réserves étant faibles, **un rachitisme**
- En revanche, si les apports en vitamine D sont respectés, **les besoins en calcium ne sont pas augmentés chez la femme enceinte**
- **On recommande donc aux femmes enceintes :**
  - Pour la vitamine D : **1 administration unique de 100.000 ui au 7ème mois (10 µg/jour,** le double de la population générale) en optimisant l'exposition solaire
  - Pour le calcium : besoins inchangés de **1.000 µg/jour**
  - Respecter les règles de prévention de l'ostéoporose valables en dehors de la grossesse

IX. LISTERIOSE ET TOXOPLASMOSE

1. La listériose
- Due à *Listeria monocytogenes* – rare mais grave, elle touche surtout les sujets immunodéprimés (dont la femme enceinte). Elle peut donner, entre autres :
  - Des méningites à liquide clair ou panaché chez la mère (ou une simple fièvre)
  - Des abcès placentaires avec lourdes conséquences fœtales
  - Des infections du nouveau-né
- **Elle peut être prévenue en évitant de consommer :**
  - Les produits artisanaux en général (préférer l'industriel !!)
  - Les fromages au lait cru et les croûtes de fromage
  - Les charcuteries sans re-cuisson (pâtés, foie gras, rillettes). Les poissons crus et fumés (saumon, truite, sushis, sashimis, makis)
- Il est également recommandé de nettoyer 1 fois par mois le frigo au vinaigre blanc

2. La toxoplasmose

- Due à *Toxoplasma gondii,* parasite présent sous forme de kystes dans les muscles, porté par certains animaux comme **les chats** ou dans la terre. On s'infecte donc en mangeant des fruits et légumes souillés par la terre ou de la viande mal cuite ou par le contact des chats

- La toxoplasmose peut donner 3 types de tableaux :
    - Primo-infection chez le sujet sain : syndrome pseudo-grippal avec syndrome mononucléosique (bénin). 80% des adultes sont immunisés
    - Réactivation chez le sujet immunodéprimé : abcès cérébraux, autres organes touchés (QS *Infection par le VIH*)
    - **Primo-infection chez la femme enceinte : risque de fœtopathie**

- **Elle peut être prévenue chez les femmes séronégatives pour la toxoplasmose**
    - En se lavant fréquemment les mains
    - En évitant la viande crue (steak tartare, carpaccio...) ou peu cuite (fumée) : **bien cuire la viande**
    - En épluchant les fruits et légumes et en les lavant à grande eau
    - En évitant le contact des chats
    - En ne jardinant qu'avec des gants

- **Outre ces précautions, la séronégativité pour la toxoplasmose indique un dosage mensuel de la sérologie (IgM) afin de dépister précocement une primo-infection et prendre les mesures thérapeutiques appropriées**

> **Le diabète gestationnel est traité dans la partie... diabète (étonnant, non ?)**

NUTRITION DE LA FEMME ENCEINTE

AVANT TOUT : POURSUIVRE LES RECOMMANDATIONS DE LA POPULATION GENERALE

EQUILIBRE EN GLUCIDES – LIPIDES – PROTIDES

5 GRANDES PRIORITES :
- × FOLATES
- × FER
- × VITAMINE D
- × IODE
- × TOXOPLASMOSE/LISTERIOSE

FOLATES :
- × RISQUES DE MALFORMATIONS NEUROLOGIQUES (*SPINA BIFIDA*/ANENCEPHALIE)
- × SUPPLEMENTATION **SYSTEMATIQUE** : 0,4 mg/jour (risque normal) ou 5 mg/jour (haut risque)

FER :
- × RISQUES DE CARENCE MARTIALE DE LA MERE ET DE L'ENFANT, MAP, RCIU
- × BESOINS DE **30 mg/jour**
- × NFS AU DEBUT ET A 6 MOIS ET **SUPPLEMENTATION UNIQUEMENT SI ANEMIE**

VITAMINE D : SURTOUT SI RISQUE CARENCE (PEAU BRONZEE, SAISON ET REGION PEU ENSOLEILLEES)

- × RISQUE D'HYPOCALCEMIE NEONATALE ET DE RACHITISME
- × BESOINS DE **10 µg/jour**
- × SUPPLEMENTATION (1 ampoule de 100.000 ui au 7ème mois) RECOMMANDEE ET SYSTEMATIQUE SI GROUPE A RISQUE

IODE : concerne l'ensemble de la population

- × RISQUE DE GOITRE MATERNEL ET D'HYPOTHYROIDIE FŒTALE ET NEONATALE
- × BESOINS DE **200 µg/jour**
- × SUPPLEMENTATION SYSTEMATIQUE RECOMMANDEE

TOXOPLASMOSE ET LISTERIOSE :

- × LISTERIOSE : EVITER ALIMENTS ARTISANAUX (SURTOUT FROMAGE LAIT CRU ET CHARCUTERIE) + NETTOYAGE MENSUEL DU FRIGO
- × TOXOPLASMOSE (SI SERONEGATIVE) : EVITER VIANDE CRUE, FRUITS ET LEGUMES NON LAVES, CHATS, SE LAVER LES MAINS SURTOUT APRES CUISINE ET JARDINAGE + SEROLOGIE MENSUELLE

ALIMENTATION ET BESOINS NUTRITIONNELS DU NOURRISSON ET DE L'ENFANT

Chapitre 6

LES OBJECTIFS DU CNCI :

- Expliquer les besoins nutritionnels du nourrisson et de l'enfant.

Le médecin a un rôle très important dans le suivi nutritionnel de l'enfant et de l'adolescent : il doit s'impliquer tout au long du développement de l'enfant :

- *En informant les parents par des conseils diététiques notamment lors de la diversification alimentaire et au cours de la croissance (rôle du carnet de santé et des examens obligatoires à 8 jours, 9 mois et 24 mois)*
- *En corrigeant des erreurs grossières de régime (suralimentation)*
- *En vérifiant les apports en vitamines et minéraux*

I. BESOINS DE 0 A 5 MOIS

Cette 1ère période de vie se caractérise par une alimentation lactée exclusive et une nécessité d'adaptation régulière des doses et du rythme des repas.

A. LE LAIT MATERNEL

Le lait maternel est le mieux adapté aux besoins du nouveau-né et du nourrisson.

- **Du point de vue protéique :** faible teneur en protéines et en **protéines allergisantes :** l'allaitement est très recommandé dans les familles d'atopiques
- **Du point de vue lipidique :** Les AGE sont présents en quantité suffisante par rapport aux besoins dans le lait maternel
- **Du point de vue glucidique :** le lait maternel contient une majorité de lactose
- **Du point de vue du fer et des vitamines D et K :**
  - Le fer est en quantité moins élevée que dans le lait artificiel, mais il est **mieux absorbé** grâce à la **lactoferrine** (permet l'absorption sélective du fer). Il en contient
  - **La vitamine D est en quantité insuffisante**
  - **La vitamine K est en quantité insuffisante**

- **Du point de vue énergétique :**
  - N'insistez pas, nous ne vous donnerons aucun chiffre à apprendre. Pourquoi ? Tout simplement parce que **le nouveau-né et le nourrisson ont d'excellentes sensations alimentaires** : leur sensation de satiété est intacte et ils boiront… tant qu'ils auront faim et s'arrêteront lorsque leurs besoins seront comblés
  - Retenez ce petit point intéressant :
    - × Au début de la tétée, le lait est **riche en eau** et pauvre en acides gras. Donc, il **hydrate** et **diminue la soif**
    - × A la fin de la tétée, le lait est **riche en acides gras** et donc en **énergie**

B. LE LAIT ARTIFICIEL

- L'utilisation du lait artificiel est l'alternative à l'allaitement lorsque celui-ci ne peut être pratiqué, quelles qu'en soient les raisons
- Les laits d'animaux (vache, chèvre) sont déconseillés car :
  - Apportent trop de protéines allergisantes
  - Sont pauvres en AGE, fer et vitamine D
  - Sont trop riches en minéraux (charge osmotique trop importante)
- Ces laits artificiels sont conçus afin d'assurer les apports conseillés en fonction de l'âge
- On retrouve donc :
  - Lait (ou préparation) pour nourrisson (0-4 mois)
  - Lait (ou préparation) de suite (5 mois-1 an)
  - Lait (ou préparation) de croissance (1-3 ans)
- Ces laits remplissent les critères suivants :
  - Limitation de l'apport en Na+
  - Limitation de l'apport en protéines
  - Apport suffisant en **acides gras essentiels, fer et vitamine D**
- Il faut bien connaître les **principes de reconstitution** (et les expliquer aux parents !!!!) : **1 CUILLERE-MESURE RASE POUR 30 mL D'EAU**

C. BESOINS QUANTITATIFS

- Durant cette période, les besoins varient au fur et à mesure. Dans les premières semaines, il faut adapter les apports caloriques car **l'enfant est dépendant d'apports suffisants**
- Les besoins sont stables dans les 3 premières années (100 kcal/kg/jour)
- Du point de vue du lait : rappelons que les 5 premiers mois sont une période d'allaitement exclusif (maternel ou artificiel)

Volume de lait = Poids (en g)/10 + 200 mL/jour

- Cependant, ces données ne sont que théoriques : l'enfant se régule très bien selon sa faim et sa satiété et il ne faut **jamais forcer un enfant bien portant à finir ses rations**
- Du point de vue du **poids +++** :
  - De 0 à 3 mois le nourrisson prend **30 g/jour**
  - De 3 à 6 mois le nourrisson prend **20 g/jour**

Seule la courbe de poids indique si l'enfant reçoit une ration suffisante. Il n'y a aucune raison de modifier les portions si la croissance est harmonieuse.

D. BESOINS QUALITATIFS

- **Protides** = 10-15% de l'apport calorique total
- **Glucides** = 40% de la ration calorique totale :
  - Chez le nouveau-né le principal glucide à apporter est le **lactose** (glucose + galactose). Le lactose est le principal glucide du lait maternel (85%). Le galactose entre dans la composition des cérébrosides (importants dans la croissance cérébrale de l'enfant)
  - La digestion du lactose se fait au niveau de la bordure en brosse intestinale
  - **Chez le prématuré,** l'apport de glucides se fait sous forme de monosaccharide (glucose ou fructose) car il existe un **déficit de l'équipement enzymatique**
- **Lipides** = 50% de la ration calorique totale
- **Eau** : les besoins en eau du nouveau-né et du nourrisson sont **considérables** par rapport à ceux de l'adulte. Ces besoins correspondent :
  - Aux **pertes insensibles du nouveau-né = 1 mL/kg/jour** en rapport avec sa surface cutanée, réparties entre les reins (40-50%), la peau et les poumons (40-50%)
  - Aux **selles** (3-10%)
  - A la **diurèse** : **attention perte importante** : chez le nouveau-né, le pouvoir de concentration des urines est faible (les urines sont presque isotoniques au plasma)
  - Aux **pertes digestives = 10 mL/kg/jour**
  - A **l'apport d'eau dans les tissus nouvellement formés = 5 mL/kg/jour**

> **ATTENTION, LE NOURRISSON EST FACILEMENT EXPOSE A LA DESHYDRATATION : EN PRATIQUE, ON RECOMMANDE :**
>
> - De 0 à 10 kg : 100 mL/kg/jour
> - De 10 à 20 kg : + 50 mL/kg
> - Au-delà de 20 kg : + 25 mL/kg
>
> Exemple : 23 kg : 10 + 10 + 3 kg => 10 x 100 + 10 x 50 + 3 x 25 = 1575 mL/jour

- **Fer** : le lait maternel et l'ensemble des préparations contiennent suffisamment de fer et rendent inutile toute supplémentation
- **Calcium** : besoins de **500 mg/jour** largement couverts par les apports lactés
- **Vitamine D** :
  - Si prématuré, hypotrophe ou peau pigmentée = **1.200 à 1.500 UI/jour**
  - Si nouveau-né eutrophique = **1.000 UI/jour**
  - Chez NN allaité : supplémentation quotidienne car risque de rachitisme
  - Chez enfant nourri au lait artificiel, le lait est enrichi en vitamine D (400 à 500 UI/jour), mais cette supplémentation est un peu faible et il est préférable de poursuivre la supplémentation en vitamine D (1.000 UI/jour)
- **Fluor = 0,25 mg/jour** jusqu'à 2 ans
- **Vitamine K** : indispensable si allaitement (prévention de la maladie hémorragique du nouveau-né)

II. PERIODE DE 5 MOIS A 2 ANS

> Cette période est marquée par la diversification alimentaire, permettant d'assurer les ANC sans recourir à une supplémentation.

A. LES BESOINS

- **Energie :** toujours **100 kcal/kg/jour**
- **Protéines :**
  - A partir de 6 mois : **1.2 g/kg/jour** = 8-10 g/jour
  - De 1 an à 2 ans : **1 g/kg/jour** =10-11 g/jour
- **Glucides :** 50-60% de la ration calorique totale
- **Lipides :** 35% de la ration calorique totale (riche en AGE +++)
- **Eau :** rappel de calcul :
  - 10 premiers kilos de poids : 100 mL/kg
  - 10 kilos de poids suivants : 50 mL/kg
  - Au-delà de 20 kilos : 5 mL/kg
- **Vitamine D :**
  - De 6 mois à 1 an : **1.000 ui/jour** jusqu'à 1 an puis **800 ui/jour** à partir de 1 an
  - En cas de poursuite de l'allaitement (diversification tardive) : poursuivre la supplémentation en vit. D jusqu'à l'âge de 18 mois (les différents laits sont tous pauvres en vitamine D !)
    - × Stérogyl® : 2 à 3 gouttes/jour = 800 à 1.200 UI/jour
    - × Zyma D2® : 3 gouttes = 900 UI/jour
  - En fait, de 18 mois à 5 ans, on poursuivra la supplémentation en Vit. D par 1 ampoule de Zyma D2® = 200.000 ui au début de l'hiver
- **Calcium :** toujours **500 mg/jour**
- **Fer : 10 mg/jour** entre 6 et 12 mois. Notez que la carence en fer est fréquente et à l'origine d'infection ORL récidivantes (d'où l'intérêt d'une supplémentation en fer systématique, en particulier si l'enfant ou sa mère appartiennent à un groupe à risque de carence martiale : grossesses rapprochées, nombreuses ou gémellaires, carence martiale de la mère, bas niveau socio-économique – voir chapitre sur le Fer)
- **Fluor :** toujours **0,25 mg/jour** jusqu'à 2 ans

B. LA DIVERSIFICATION ALIMENTAIRE

- Il s'agit du passage de l'alimentation lactée à une alimentation variée semi-solide puis solide
- Principes :
  - Introduire un **aliment à la fois** sur un intervalle de plusieurs jours
  - Poursuivre une préparation de suite entre 500-600 mL/jour
- Bien qu'il y ait un intérêt certain, en particulier dans la prévention de la carence martiale et en vitamine D, à diversifier assez tôt, on tend actuellement à **retarder** la diversification car il existe une **recrudescence des allergies.** De ce fait, la composition des laits artificiels permet une diversification plus tardive
- Ainsi, particulièrement en cas d'eczéma atopique, il est conseillé de poursuivre l'allaitement jusqu'à 6 mois avant de débuter la diversification. Les aliments réputés allergisants sont surtout **l'œuf et le poisson.** Ils sont introduits tardivement (pas de jaune d'œuf avant 6 mois, pas de blanc d'œuf avant 1 an)

- Par exemple :
    - 6 mois : débuter par des céréales pour nourrissons **enrichies en fer (sucre lents)**
    - 8 mois : **légumes** mixés et **fruits** mixés **(fibres)**
    - 9 mois : apport de **protéines** en purée débuté (rappelons qu'un apport de protéines exogènes **avant 6 mois favorise les allergies),** petit suisse, viandes maigres, poisson au 7ème mois, jaune d'œuf
- **Il faut poursuivre le lait durant cette période :**
    - De 6 mois à 1 an : lait de suite
    - De 1 an à 3 ans : lait de croissance
    - Avantages de ces laits par rapport au lait de vache (rappel) :
        - × Riches en fer, AGE, Vit. D et E
        - × Apports nutritionnels équilibrés (pas de carence)

ERREURS AU COURS DE LA DIVERSIFICATION

1. **DIVERSIFICATION TROP PRECOCE :** favorise les **allergies** alimentaires et fait courir le risque d'une consommation de **lait insuffisante**
2. **LE LAIT DE VACHE :** expose le nourrisson à une **charge osmotique** trop importante par rapport à sa capacité à concentrer ses urines, et à des **carences en fer**
3. **EXCES DE PROTIDES :** risque de **colopathies fonctionnelles** (intestin irritable)
4. **EXCES DE FARINES :** peut également induire une **obésité**
5. **EXCES DE SUCRES :** encore une cause d'**obésité** et de **caries**
6. **MAUVAISE RECONSTITUTION DE LA PREPARATION :** expliquer aux parents
7. **VALSE DES LAITS :** changements trop fréquents = mauvais pour le transit

---

III. ALIMENTATION CHEZ L'ENFANT

Durant cette période, il n'est pas nécessaire de « fliquer » les supplémentations, mais d'apporter une nourriture saine, équilibrée et adaptée à ses besoins.

- **Energie :** commence à diminuer vers 8° kcal/kg
- **Protéines :** 15% des ACT
- **Glucides :** 50-55% des ACT
- **Lipides :** 30-35% des ACT
- **Calcium :** au fur et à mesure de la croissance, les besoins augmentent. Souvenez-vous que l'enfant constitue à ce moment son capital calcique. Retenez que :
    - **500 mg/jour** jusqu'à **5 ans**
    - **700 mg/jour** jusqu'à **7 ans**
    - **900 mg/jour** jusqu'à **9 ans**
    - **1.200 mg/jour** jusqu'à **12 ans**
- **Fer :** toujours **10 mg/jour**
- **Vitamine D : 400 ui/jour** à partir de 4 ans jusqu'à 65 ans (sauf si grossesse) !! Rappelons que l'on conseille la poursuite de la supplémentation hivernale jusqu'à l'âge de 5 ans
- **Fluor :** 0,5 mg/jour de 3 à 6 ans puis 1 mg/jour

Attention à l'obésité et aux troubles du comportement alimentaire qui se constituent souvent insidieusement à cette période : il ne faut certes pas être alarmiste, mais il ne faut rien banaliser non plus (surveiller les courbes) !!!

IV. ALIMENTATION AU COURS DE L'ADOLESCENCE

- **Energie :** l'adolescence est la période de la puberté et de la poussée de croissance :
    - Garçons : **60 kcal/kg/jour** (11-14 ans) puis **50 kcal/kg/jour** (15-18 ans)
    - Filles : **50 kcal/kg/jour** (11-14 ans) puis **40 kcal/kg/jour** (15-18 ans)
- **Macronutriments :**
    - Protides : 15% d'ACT
    - Glucides : 50-55% d'ACT
    - Lipides : 30-35% d'ACT
- **Fer :** les besoins restent de **10 mg/jour** chez le garçon, mais, chez la fille, dont les règles commencent, ils passent à **15 mg/jour**
- **Calcium :** jusqu'à 18 ans inclus, dans le but de constituer la masse calcique définitive, les besoins sont de **1.200 mg/jour**
- **Vitamine D :** en dehors de facteurs d'ensoleillement et de couleur de peau, les besoins restent ceux de la population générale (soit **400 ui/jour**)
- **Comportement alimentaire :**
    - Cette période est, avant tout, celle des **troubles du comportement alimentaire** (voir chapitre TCA)
    - Néanmoins, il est fréquent -et banal- de constater certains symptômes tels que : dégoût de la viande et des produits laitiers (mais attention aux apports en calcium et en fer !!), essai de régimes restrictifs ou « purifiants ». L'objectif est alors à l'éducation nutritionnelle sans être austère ou barbant (on parle des ados, ici !!)

APTITUDE AU SPORT
BESOINS NUTRITIONNELS DU SPORTIF
MODIFICATION THERAPEUTIQUE
DU MODE DE VIE
CHEZ L'ENFANT ET L'ADULTE
(ACTIVITE PHYSIQUE)

UE N°8

Items
247 & 253

Chapitre 7

LES OBJECTIFS DU CNCI :

N°247. Modifications thérapeutiques du mode de vie (alimentation et activité physique) chez l'adulte et l'enfant

- *Evaluer le comportement alimentaire et diagnostiquer ses différents troubles.*

- *Argumenter les bénéfices et les effets cliniques de la pratique de l'activité physique.*

- *Identifier les freins au changement de comportement.*

- *Savoir prescrire et conseiller en diététique.*

- *Promouvoir l'activité physique chez le sujet malade (démarche, orientations).*

N°253. Aptitude au sport chez l'adulte et l'enfant ; besoins nutritionnels chez le sportif (voir item 78)

- *Conduire un examen médical d'aptitude au sport.*

- *Exposer les bénéfices et les inconvénients de la pratique sportive chez l'enfant et l'adulte.*

- *Exposer les besoins nutritionnels chez le sportif enfant et le sportif adulte.*

- *Argumenter les précautions et contre-indications à la pratique sportive intensive.*

L'alimentation du sportif doit allier les principes de nutrition recommandés pour la population générale à des mesures spécifiques à la pratique du sport. Il est démontré depuis longtemps que de 2 athlètes de valeur égale, celui qui produit les meilleures performances est celui dont l'équilibre nutritionnel est optimal.

Les 2 objectifs principaux, en plus de ceux recommandés pour la population générale sont d'améliorer la performance tout en évitant tout effet nuisible sur la santé (accidents aigus ou pathologie au long cours).

Bien entendu, il faut toujours prendre en compte, en dehors de la diététique elle-même, le comportement alimentaire et le terrain (groupes à risque de carences ou autres maladies).

Terme	Définition
Activité physique	Tout mouvement corporel produit par la contraction des muscles squelettiques entraînant une augmentation de la dépense d'énergie au dessus de la dépense de repos.
Entraînement physique	Activité physique planifiée, structurée, répétée et dont le but est d'améliorer ou de maintenir les capacités physiques d'un individu.
Condition physique	Niveau d'entraînement physique et psychologique minimum nécessaire pour satisfaire aux exigences d'une activité physique donnée.
Aptitude physique	Capacités globales (cardiorespiratoires, ostéomusculaires et psychologiques) d'un individu à réaliser une activité physique donnée.

I. QUELQUES NOTIONS DE PHYSIOLOGIE DE L'EXERCICE

A. ADAPTATION DE L'ORGANISME A L'EXERCICE PHYSIQUE

- L'activité physique entraîne, pendant une période donnée, **une contraction des muscles striés** grâce à la transformation de l'énergie biochimique en énergie mécanique à partir de :
    - Substrats énergétiques : glucides, lipides, acides aminés
    - Oxygène
- Pour assurer ce rôle, de nombreux systèmes interviennent :
    - Foie et tissu adipeux : pour le stockage et la libération d'énergie
    - Système endocrinien (insuline, GH, glucagon, cortisol) : répartition des substrats
    - Système cardiorespiratoire : apport d'oxygène
- **L'utilisation des substrats dépend de nombreux facteurs.** Ainsi, les glucides sont privilégiés par rapport aux lipides chez les sujets :
    - **Age :** âgés par rapport aux plus jeunes
    - **Corpulence :** en surpoids ou obèses par rapport aux plus minces
    - **Pathologie :** diabétiques par rapport aux non diabétiques
    - **Entraînement :** sédentaires par rapport aux plus entraînés
    - **Intensité : voir paragraphe suivant**
- **L'intensité permet de distinguer des activités :**
    - **Courtes et intenses :** sollicitent le métabolisme anaérobie utilisant les fibres musculaires à contraction rapide
    - **Prolongées et douces :** sollicitent le métabolisme aérobie utilisant les fibres musculaires à contraction lente
- Il existe une **adaptation cardiorespiratoire** de l'organisme :
    - **Le débit ventilatoire augmente** par accroissement simultané du volume courant et de la fréquence respiratoire
    - **Le débit cardiaque augmente** par accroissement de la fréquence cardiaque et du volume d'éjection systolique
    - **La diffusion alvéolo-capillaire augmente de même que la différence artério-veineuse en O_2** avec accroissement du prélèvement tissulaire d'O_2 de l'ensemble de l'organisme

B. PUISSANCE MAXIMALE AEROBIE ET ENTRAINEMENT

1. Puissance maximale aérobie et balance des substrats

- Pour adapter le niveau d'entraînement aux capacités individuelles, il est nécessaire de disposer d'une puissance d'exercice de référence qui représente la même adaptation chez tous les sujets
- **On utilise la puissance maximale aérobie (Pmax) :** plus petite puissance d'exercice qui entraîne la consommation maximale d'oxygène que le sujet est capable d'atteindre (VO_{2max})
- **La VO_{2max} représente les capacités maximales de distribution et de transport de l'oxygène par le sang et d'extraction de l'oxygène par le muscle.** Elle est une mesure simple de l'**aptitude aérobie.** La puissance de travail peut être augmentée au-delà de ce niveau, mais en sollicitant le métabolisme anaérobie (bonjour les crampes !!)

7 : iECN 2016 items 247-253

APTITUDE AU SPORT. BESOINS NUTRITIONNELS DU SPORTIF. MODIFICATION THÉRAPEUTIQUE
DU MODE DE VIE CHEZ L'ENFANT ET L'ADULTE (ACTIVITÉ PHYSIQUE)

- On définit ainsi les notions d'endurance et de résistance :
  - **Un exercice infra-maximal** se définit par une puissance inférieure à la Pmax. L'aptitude à prolonger ce type d'exercice est **l'endurance**
  - **Un exercice supra-maximal** se définit par une puissance supérieure à la Pmax. L'aptitude à prolonger ce type d'exercice est **la résistance**
- Lors d'un exercice en endurance, la proportion d'énergie fournie par les lipides diminue au fur et à mesure que l'intensité de l'exercice augmente. L'inverse se produit pour les glucides (balance des substrats) :
  - Bêta-oxydation et utilisation des lipides prépondérante à puissance faible (aérobie stricte)
  - Glycolyse aérobie avec début de participation anaérobie pour des puissances intermédiaires
  - Prépondérance de la glycolyse anaérobie pour les exercices supra-maximaux

> **Pour résumer : plus l'exercice est intensif, MOINS on brûle de graisses... si, si, vous avez bien lu !!**

2. Effets de l'entraînement

- **L'entraînement physique améliore considérablement les capacités de travail musculaire** (l'organisme « s'habitue ») :
- **Adaptation cardiovasculaire :**
  - Augmentation de la masse myocardique = augmentation du volume d'éjection systolique
  - D'où une diminution de la FC de repos et de la consommation d'O_2
  - Système cardiorespiratoire : apport d'oxygène
- **Adaptation musculaire :**
  - Accroissement des fibres à contraction lente (en endurance)
  - Accroissement des capacités oxydatives et du stockage de glycogène
  - D'où une meilleure utilisation des acides gras et une épargne du glycogène permettant de limiter le fonctionnement anaérobie

II. LES DIFFERENTS TYPES D'ACTIVITE PHYSIQUE

> **On appelle activité physique tous les mouvements effectués dans la vie quotidienne et non la seule pratique sportive.**

- **4 paramètres** caractérisent l'activité physique
  - **Le contexte :** professionnel, vie courante, loisirs (dont sport)
  - **La fréquence :** combien de fois par semaine/mois (!!)
  - **La durée :** incluant échauffement et récupération
  - **L'intensité :** exprimée en valeur absolue par son coût énrgétique (kcal/minute) ou en valeur relative par rapport à la capacité maximale (Pmax ou VO2max)
- On distingue ainsi 3 types d'activité **dont les effets sur la santé sont différents**
  - **Les activités d'endurance (vélo) :** de longue durée, d'intensité faible ou modérée
  - **Les activités de résistance (sprint) :** de plus faible durée, d'intensité élevée
  - **Les activités en alternance (jeux de ballon) :** alternance endurance/résistance

- **La sédentarité** est moins bien définie :
  - Ne représente pas seulement une activité physique faible ou nulle
  - Correspond **à des activités spécifiques dont la DET est proche de la DER** (voire plus basse !!). Il s'agit des activités « écran »
  - **Le temps passé devant un écran (télévision, vidéo, jeux vidéo, ordinateur...) est actuellement l'indicateur de sédentarité le plus utilisé.**

L'activité physique et la sédentarité sont 2 dimensions différentes et indépendantes du comportement de mouvement, associées respectivement de façon favorable et défavorable à l'état de santé.

III. EFFETS DE L'ACTIVITE PHYSIQUE SUR LA SANTE

- A côté de l'alimentation, le niveau habituel d'activité physique est impliqué dans le développement, et donc **la prévention, des pathologies chroniques les plus fréquentes**
- Chez l'adulte, indépendamment de la corpulence et de l'âge, un faible niveau d'activité physique est associé à une augmentation :
  - **De la mortalité totale**
  - **De la morbi-mortalité cardiovasculaire (en particulier coronarienne)**
  - **De l'HTA**
  - **De certains cancers (côlon, sein, endomètre)**
  - **Du poids et de l'obésité**
  - **Du diabète de type 2**
  - **De l'ostéoporose**
  - **De L'anxiété et de la dépression**

Il existe une relation dose/réponse inverse et le plus souvent linéaire entre le volume d'activité physique et le risque de mortalité toutes causes, le risque de maladies cardiovasculaires en général et plus spécifiquement d'événements coronariens et le risque de diabète de type 2.

---

1. Mortalité totale
- De nombreuses études de cohorte indiquent que la pratique d'une activité physique régulière et une meilleure capacité cardio-respiratoire sont associées à une **diminution de la mortalité globale, chez le sujet jeune comme chez le sujet âgé**
- Une activité physique correspondant à une dépense énergétique de 1.000 kcal par semaine (soit la dépense énergétique moyenne obtenue par 30 minutes quotidiennes d'activité physique modérée) est associée à une diminution de 30% de la mortalité

2. Pathologies cardiovasculaire
- L'activité physique est fortement et inversement associée avec le risque de mortalité cardiovasculaire et avec le risque d'événements coronariens majeurs
- Courbe d'allure dose/réponse
- **L'activité n'a pas besoin d'être intense pour avoir des effets cardiovasculaires bénéfiques et la quantité d'énergie dépensée et la régularité sont probablement plus importantes que l'intensité**

7 : iECN 2016 items 247-253

APTITUDE AU SPORT. BESOINS NUTRITIONNELS DU SPORTIF. MODIFICATION THÉRAPEUTIQUE
DU MODE DE VIE CHEZ L'ENFANT ET L'ADULTE (ACTIVITÉ PHYSIQUE)

- Mécanismes :
  - **Facteur protecteur indépendant (y compris en prévention secondaire) :** diminution des plaques d'athérome, augmentation du flux coronarien, de la compliance cardiaque et des échanges en O_2
  - **Diminution de la pression artérielle :** vasodilatation, diminution du système sympathique et du SRAA (entraînement)
  - **Augmentation du HDL, diminution des TG, diminution du LDL :** augmentation de la lipoprotéine lipase du muscle et du tissu adipeux et baisse de la lipase hépatique
  - **Diminution de l'insulinorésistance et de l'insulinémie :** action sur le syndrome métabolique (obésité abdominale, diabète type 2, HTA, stéatose hépatique et NASH, syndrome d'apnées du sommeil, SOPK)
  - **Maintien du poids perdu** plus que perte de poids
  - **Effet antiplaquettaire et antithrombogène : augmentation du NO et du HDL**

3. Cancers

- Les sujets physiquement actifs ont un risque diminué d'incidence et de mortalité par cancer tous sites confondus, chez l'homme comme chez la femme
- Le plus haut niveau de preuve porte sur le **cancer du côlon dans les 2 sexes (-50%) et sur le cancer du sein chez la femme (-30%)**
- **Courbe d'allure dose/réponse**
- Cancers de la prostate, de l'endomètre et du poumon seraient aussi réduits, mais les niveaux de preuve sont moindres
- Mécanismes :
  - **Diminution de l'insulinorésistance, de l'insulinémie, d'IGF1 :** facteurs de croissance liés à la nutrition
  - **Réduction du temps de transit intestinal et de l'exposition de la muqueuse aux carcinogènes**
  - **Facteurs hormonaux et immunitaires**

4. Obésité

- **L'activité physique empêche la prise de poids, mais ne fait pas perdre de poids,** sans toutefois permettre de prévenir complètement le phénomène, ni promouvoir une perte de poids au niveau des populations
- **Le temps passé assis à regarder la télévision (sédentarité)** est lié positivement au risque d'obésité
- La relation liant activités physiques et corpulence est de type dose/réponses
- **Dans le contexte alimentaire occidental actuel, la pratique de 60 à 80 minutes d'activité d'intensité modérée par jour est nécessaire,** en association avec une alimentation adaptée, pour permettre le contrôle du poids, notamment après amaigrissement chez l'obèse
- **La lutte contre la sédentarité** apparaît comme stratégie efficace de prévention de la prise de poids
- **En plus de ses effets directs sur le bilan énergétique, l'activité physique pratiquée sur une base régulière favorise l'utilisation des substrats lipidiques** par rapport aux glucides. Le profit de façon des substrats dépend de l'intensité de la durée de l'exercice
- **L'augmentation de l'utilisation des substrats lipidiques peut atteindre 20% après plusieurs semaines d'entraînement chez les sujets sédentaires :** elle se prolonge également dans la période après exercice

5. Diabète

- **Il existe une relation dose/réponse linéaire entre le niveau habituel d'activité physique et la survenue du diabète de type 2**
- Une activité physique régulière couplée à une perte de poids permet de prévenir plus de 58% des diabètes (DPS finlandaise, DPP américaine)
- **L'effet préventif de l'activité physique n'était pas expliqué par ses seuls effets sur le poids**
- Chez le diabétique, la pratique régulière d'une activité physique améliore l'équilibre glycémique (HbA1c – 0,7%) et diminue le risque cardiovasculaire

6. Ostéoporose et autonomie du sujet âgé

- **Une activité physique régulière contribue à réduire, ou prévenir certains processus délétères liés à l'avancée en âge, à améliorer la qualité de vie et la capacité fonctionnelle des sujets âgés et à retarder l'entrée dans la dépendance en maintenant leur autonomie**
- Bénéfices de l'activité en endurance :
    - **Identiques à la population générale**
    - **Amélioration de l'équilibre et diminution du risque de chutes**
    - **Maintien des fonctions cognitives**
- Bénéfices spécifiques du renforcement musculaire :
    - **Le renforcement musculaire (exercice de force) aide à prévenir la perte de masse musculaire** (sarcopénie) et de la fonction musculaire habituellement observée avec l'avancée en âge. Il en résulte une **préservation de l'activité spontanée**
    - **Le travail en force augmente la densité osseuse et réduit le risque d'ostéoporose :** augmentation de l'activité des ostéoblastes par la contrainte mécanique

7. Anxiété, dépression, bien-être

- **L'activité physique est associé à un bien-être psychologique,** une meilleure gestion professionnelle au quotidien et à une réduction du stress
- Impact positif sur la dépression
- Diminution du risque de maladie d'Alzheimer, de démence et de déclin cognitif

IV. PROMOTION ET PRESCRIPTION DE L'ACTIVITE PHYSIQUE

	Recommandations « traditionnelles »[1]	Recommandations « actuelles »[2, 3]
Fréquence	3 - 5 jours par semaine	6 - 7 jours par semaine
Intensité	60 - 90 % de la fréquence cardiaque maximale (50 - 85 % de la puissance aérobie maximale, VO_{2max})	Modérée (3 - 6 METS* ou 4 – 7 kcal/min)
Durée	20 - 60 minutes en une fois d'activité d'endurance	$\geqslant$ 30 minutes/jour en une ou plusieurs fois
Type	Toute activité utilisant les grands groupes musculaires (course, vélo, natation…)	Toute activité pouvant être réalisée d'intensité comparable à la marche rapide

7 : iECN 2016 items 247-253

APTITUDE AU SPORT. BESOINS NUTRITIONNELS DU SPORTIF. MODIFICATION THÉRAPEUTIQUE
DU MODE DE VIE CHEZ L'ENFANT ET L'ADULTE (ACTIVITÉ PHYSIQUE)

---

6 ETAPES DE PRESCRIPTION

1. **EVALUER L'ACTIVITE PHYSIQUE**
2. **EVALUER LES BENEFICES (PREVENTION PRIMAIRE, PATHOLOGIE)**
3. **EVALUER LES RISQUES (EXAMEN D'APTITUDE)**
4. **EVALUER LA MOTIVATION**
5. **FIXER LES OBJECTIFS ET MISE EN ROUTE DU PROJET**
6. **EVALUATION ET AJUSTEMENT**

A. EVALUER L'ACTIVITE PHYSIQUE

- **Techniques :**
    - Interrogatoire et questionnaires validés
    - Carnets de recueil
    - Podomètres, accéléromètres
    - Calorimétrie indirecte et test d'effort métabolique
- **Questions :**
    - Contexte (professionnel, vie quotidienne, loisirs)
    - Durée, fréquence, intensité
    - Activités sédentaires « temps écran »

Méthode	Paramètres mesurés
Calorimétrie indirecte (eau doublement marquée)	VO_2, dépense énergétique totale Dépense liée à l'activité = dépense totale – dépense de repos Niveau d'activité physique = dépense totale/dépense de repos
Carnets, questionnaires	Activité physique (type, intensité, durée, fréquence) Dépense énergétique liée à l'activité (calculée)
Podomètre	Nombre de pas, distance parcourue
Accéléromètre	Activité et intensité sous forme d'accélération exprimée en « coups/min » en fonction du temps Dépense énergétique liée à l'activité (calculée)
Fréquence cardiaque	Activité et intensité sous forme de battements/min en fonction du temps VO_2 ou dépense énergétique liée à l'activité (calculée)

B. EVALUER LES BENEFICES (QS)

C. EVALUER LES RISQUES : EXAMEN D'APTITUDE

- Examen indispensable : comme toute intervention thérapeutique, l'AP peut aussi avoir des effets indésirables :
  - **Généraux : risque de mort subite** (1.000 décès par an en France) souvent due à une pathologie cardiovasculaire **révélée (et non provoquée) par l'effort.** Une activité physique intense augmente transitoirement le risque cardiovasculaire
  - **Spécifiques :** en fonction des pathologies sous-jacentes (diabète, obésité, asthme...)
- Cadre général : cabinet du généraliste (le plus souvent), centres médico-sportifs, cabinet de médecine du sport, services spécialisés. Notez 3 particularités :
  - **Pas de plainte voire possibilité de minimisation** ou de dissimulation de symptômes ou ATCD dans le but d'obtenir le certificat
  - **Utilité d'un auto-questionnaire** qui engage la responsabilité du patient
  - **Le certificat engage la responsabilité du médecin :** la consultation doit donc être minutieuse
- **L'interrogatoire est classique, centré sur le risque cardiovasculaire et de mort subite et sur les appareils concernés par l'activité physique :**
  - ATCD familiaux de mort subite à l'effort ou de pathologies cardiaques
  - ATCD personnels : troubles du rythme, coronaropathie
  - FdRCV : HTA, diabète, dyslipidémie, tabagisme
  - Substances : médicaments, dopants, café, thé, alcool
  - ATCD gynéco : dernières règles, contraception
  - Pathologies ORL, respiratoire, ostéo-articulaire
- **L'examen clinique évalue le risque cardiovasculaire, les appareils concernés par l'activité physique et la capacité globale :**
  - Cardiovasculaire et respiratoire complet
  - Locomoteur (attitude vicieuse et séquelles de traumatismes) : rachis (cyphose, scoliose, lordose), thorax (gibbosité), genoux *(flessum,* recurvatum), mobilité, force musculaire, réflexes
  - Palpation abdominale
  - Poids, taille, IMC
  - Appareils spécifiques selon pathologie ou sport :
    - × ORL (annuel) : sports aériens et sous-marins
    - × Ophtalmo (annuel) : sports aériens, mécaniques, de combat, ski alpin
    - × Radio rachis lombaire (tous les 6 mois) : rugby, plongeon, patinage, gymnastique
    - × Radio rachis cervical (annuel) : rugby, lutte, football américain
    - × Bilan biologique (tous les 6 mois) : disciplines d'endurance
  - Tests fonctionnels d'évaluation rapide de la capacité sous-maximale de Rufier-Dickson ou Martinet (surtout couplé à ECG : recherche d'extrasystoles de repos)
- **Les examens paracliniques sont orientés par le contexte clinique :**
  - **ECG de repos** au 1er examen
  - **Epreuve d'effort** (sujet symptomatique à l'effort, 2 FdRCV, reprise d'AP après 40 ans [H] ou 50 ans [F])
  - **Echographie cardiaque** (sujet symptomatique à l'effort, HTA)
  - Autres examens spécifiques selon pathologie

7 : iECN 2016 items 247-253

APTITUDE AU SPORT. BESOINS NUTRITIONNELS DU SPORTIF. MODIFICATION THÉRAPEUTIQUE
DU MODE DE VIE CHEZ L'ENFANT ET L'ADULTE (ACTIVITÉ PHYSIQUE)

- **Pour le sportif de haut niveau (dans les 3 mois après inscription sur liste) :**
  - Par un médecin du sport diplômé
  - Interrogatoire et examen clinique identique tous les 6 mois avec, en plus, bilan psychologique, diététique et bandelette urinaire
  - **ECG annuel**
  - **Bilan dentaire annuel**
  - **Bilan biologique (NFS, réticulocytes, ferritine) annuel**
  - **Echographie cardiaque (à répéter à 18-20 ans)**
  - **Epreuve d'effort maximale (tous les 4 ans)**
- **La consultation se conclut par la rédaction du certificat médical de non contre-indication à l'effort +++ :**
  - **Par un médecin du sport pour les sports à risque (armes à feu, sous-marin...)**
  - Par tout médecin sinon
  - Permet de pratiquer des sports en club ou d'obtenir une licence de fédération

---

CERTIFICAT MEDICAL TYPE DE NON CONTRE-INDICATION A LA PRATIQUE DU SPORT

Je soussigné(e), ...

Docteur en médecine, certifie avoir examiné

M/Mme ....

Né(e) le ....

Et avoir constaté, ce jour, l'absence de signe clinique décelable contre-indiquant la

pratique de la course à pied en compétition.

Certificat fait pour servir et valoir ce que de droit sur la demande de l'intéressé et re-

mis en mains propres le ....

A ....

Signature et cachet du médecin

D. EVALUER ET SOUTENIR LA MOTIVATION

1. Evaluer la motivation

- L'évaluation de la motivation n'est pas « du bon sens », mais répond à 3 questions qui reposent **sur les techniques de l'entretien motivationnel** et sur la **théorie des stades de Prochaska et Di Clemente**
- **Le patient en a-t-il envie ?** On peut évaluer la motivation de 0 à 10 et faire ressortir les points positifs qui augmenteraient cette envie. C'est la place de l'information sur les bénéfices de l'activité physique
- **Le patient se sent-il capable ?** On peut évaluer également la capacité ressentie sur une échelle de 0 à 10. C'est la place de la discussion sur les **obstacles et limitations**
- **Le patient est-il prêt ?** C'est la place de la discussion sur l'**intégration dans le mode de vie**

2. Repérer obstacles et limitations et y répondre

*   **Physiques :**
    *   Faible capacité d'endurance → intensité adaptée
    *   Pathologies (cardio, respi, rhumato) → avis spécialisés et antalgiques
*   **Psychologiques : TCC, rééducation activité adaptée :**
    *   Expériences antérieures négatives
    *   Trouble de la perception corporelle (gène à se montrer)
    *   ↓ Estime de soi (confiance en ses capacités à bouger)
*   **Socio-environnementales :**
    *   Manque de temps → organisation du quotidien
    *   Problème d'accès aux structures → listes associations/clubs
    *   Pas de soutien de l'entourage → associations, dialogue famille

E. FIXER LES OBJECTIFS ET MISE EN ROUTE DU PROJET

*   A partir de l'évaluation et des recommandations, on peut mettre en route un projet à condition de fixer des objectifs précis
* 1er **niveau : lutte contre la sédentarité. Remplacer les activités « écrans » par une sollicitation au mouvement**
* 2ème **niveau : accroissement de l'activité physique du quotidien**
* 3ème **niveau : mise en place d'une activité plus « construite » en terme de fréquence, de durée, d'intensité**

F. EVALUATION ET AJUSTEMENT : REAJUSTER, ENCOURAGER, RENFORCER

V. BESOINS NUTRITIONNELS DU SPORTIF

A. BESOINS ENERGETIQUES

1. Intérêt des apports énergétiques

*   Comme nous l'avons vu, la contraction musculaire et l'ensemble des réactions métaboliques de l'organisme permettant la performance nécessitent avant tout **un apport suffisant en énergie** (qui sera utilisée et stockée sous forme d'ATP)
*   L'organisme utilise **3 voies** pour produire cet ATP :
    *   **Anaérobie alactique (créatine du muscle) :** utilisée pour des efforts **intenses de quelques secondes** (sprint final d'une course). Les réserves sont faibles, mais se reconstituent facilement
    *   **Anaérobie lactique (production de lactates à partir du glycogène musculaire) :** utilisée pour des efforts **intenses de plus de 15 secondes.** La production de lactates ne nécessite pas d'oxygène, mais occasionne des **crampes**
    *   **Aérobie (oxydation des glucides et des lipides) :** principale voie de production d'énergie qui nécessite de l'oxygène. Le substrat utilisé dépend, encore une fois, du type de performance (voir plus bas)

7 : iECN 2016 items 247-253

APTITUDE AU SPORT. BESOINS NUTRITIONNELS DU SPORTIF. MODIFICATION THÉRAPEUTIQUE
DU MODE DE VIE CHEZ L'ENFANT ET L'ADULTE (ACTIVITÉ PHYSIQUE)

- Les besoins en énergie ne sont pas de calcul aisé (déjà qu'ils ne le sont pas chez le non-sportif !!) : il faut prendre en compte 2 paramètres :
  - D'une part, **la DET** est variable selon la longueur de chacune des 3 périodes (repos, entraînement, compétition), la durée de chaque épreuve, leur type et leur intensité
  - D'autre part, **la DER augmente elle aussi** chez tout individu qui pratique plus de 3 heures de sport par semaine ou plus de 3 entraînements par semaine

2. En pratique

- Donc, pour résumer, **la détermination de la DET est indispensable pour définir l'apport énergétique total quotidien (AETQ).** En pratique, on considère les 3 paramètres suivants :
  1. **EVALUATION DES APPORTS**
  2. **EVALUATION DES DEPENSES LIEES A L'ACTIVITE PHYSIQUE**
  3. **PERIODICITE SUR L'ANNEE**
- **Evaluation des apports : enquête alimentaire :**
  - Dépistage de **l'excès d'apport** (sports où le poids est un facteur de performance : lutte, rugby) ou des **carences d'apport** (sports où un poids minimal est requis : marathonien, danse, GRS)
  - Plus généralement, certains sportifs peuvent être tentés de perdre du poids, en particulier dans les sports à catégorie de poids. **Toute perte de poids doit se faire avant le début d'une saison de compétition et être suivie médicalement.** Le risque est le déséquilibre alimentaire qui peut s'accompagner de :
    - × Perte de masse musculaire et osseuse
    - × Augmentation du risque d'accident et de maladie
    - × Troubles du comportement alimentaire
    - × **Diminution de la performance +++**
- **Evaluation des dépenses liées à l'activité physique :**
  - Type de sport
  - Durée et fréquence de chaque performance
  - Intensité : sport de **force** ou de **fond**
  - Considérer le **degré d'entraînement :** enregistrements de la consommation d'oxygène, de la fréquence cardiaque
- **Périodicité sur l'année :**
  - Les besoins du sportif sont variables sur l'année : élevés en saison, proche de la population générale en intersaison
  - L'essentiel étant **d'adapter régulièrement les AET à la DET,** d'où l'intérêt d'un suivi nutritionnel régulier et personnalisé +++

B. BESOINS EN GLUCIDES

Les glucides sont le principal substrat énergétique pour les sports d'intensité élevée.

1. Intérêt des glucides

- Le glucose est stocké dans l'organisme sous forme de **glycogène hépatique et musculaire.** Ces réserves sont **faibles,** de l'ordre de quelques centaines de grammes
- **La déplétion des réserves de glycogène musculaire est le facteur métabolique déterminant de la baisse de performance et de l'épuisement :** son taux de resynthèse musculaire conditionne la possibilité de s'entraîner ou de reprendre la compétition

- **Ce taux de resynthèse est maximal dans les 2 heures suivant l'effort +++ : les apports en glucides s'adaptent QUOTIDIENNEMENT car leur utilisation conditionne particulièrement la performance immédiate.** L'équilibre des apports en glucides a peu d'impact au long cours sur l'effort lui-même
- Les apports en glucides chez le sportif ont donc 2 objectifs :
  - Maintien de la glycémie à l'effort (« carburant »)
  - Remplacement du glycogène musculaire utilisé (« réserve »)

2. En pratique

- Du point de vue quantitatif, l'apport en glucides doit couvrir **au minimum 55% de l'apport calorique total,** chiffre qui peut monter jusqu'à **65-70%, proportionnellement à l'intensité de l'effort** (rappelons que le glucose est le "carburant" essentiel des sports de force)
- Du point de vue qualitatif : en période d'intersaison, comme nous l'avons dit, l'adaptation fine a peu d'intérêt au long cours. L'essentiel est alors de respecter les apports conseillés pour la population générale. En revanche, en saison, cette adaptation doit prendre en compte **le délai entre l'apport et l'effort** et **l'activité elle-même** afin de remplir les 2 objectifs :
  - Glucides complexes **(IG faible)** si intervalle long
  - Glucides simples **(IG élevé)** si intervalle court
- **Avant l'effort :** il faut obtenir **un taux maximal de glycogène musculaire** et, donc, saturer l'organisme en glucides en consommant **65-70% de glucides.** Le ratio glucide simples/glucides complexes sera modifié au fur et à mesure de l'approche de la compétition (maximum de glucides simples à l'approche). L'entraînement en lui-même est diminué afin de réduire l'utilisation du glycogène stocké
- **Pendant l'effort :** l'objectif est de **maintenir la glycémie.** Il faut poursuivre un apport en glucides simples, les mieux utilisés étant apportés sous forme liquide. En pratique, on recommande **1 cL par minute toutes les 15-30 minutes** (ex. : 15 cL toutes les 15 minutes)
- **Après l'effort :** l'objectif est de **reconstituer les réserves.** Il faut consommer des glucides **le plus rapidement possible** (taux de resynthèse maximal durant 2 heures !!) sous forme de boissons sucrées pendant 1 heure puis boissons sucrées + sucres solides toutes les 2 heures pendant 6 heures, puis alimentation reprise

> **Ces règles s'appliquent avant tout aux compétitions d'intensité élevée et prolongées plus d'une heure.**

C. BESOINS EN LIPIDES

> **Les lipides sont le principal substrat énergétique pour les sports d'intensité modérée (sports d'endurance, principalement).**

1. Intérêt des lipides

- Principale réserve énergétique de l'organisme, stockée dans les adipocytes
- Ils sont essentiellement utilisés lors des efforts d'intensité modérée. Ainsi, après une période d'entraînement en endurance, **l'utilisation du glycogène musculaire est diminuée** et **celle des lipides augmentée** (cette tendance se renforce avec la baisse de l'intensité et inversement). Cela est dû à **une augmentation de la capacité oxydative des muscles** du sportif de fond

7 : iECN 2016 items 247-253

APTITUDE AU SPORT. BESOINS NUTRITIONNELS DU SPORTIF. MODIFICATION THÉRAPEUTIQUE
DU MODE DE VIE CHEZ L'ENFANT ET L'ADULTE (ACTIVITÉ PHYSIQUE)

- L'apport de lipides chez le sportif est important du fait de ses 3 objectifs :
  - Apport d'énergie
  - Apport des acides gras essentiels
  - Apport de vitamines liposolubles
- Contrairement aux glucides, les réserves en lipides mettent du temps à se constituer et l'apport équilibré en lipides doit se faire **sur le long terme**

2. En pratique

- Du point de vue quantitatif : **20-30% des AETQ** (il n'y a **aucune indication** à augmenter les apports en lipides chez le sportif +++)
- Du point de vue qualitatif : **10 g/jour d'acide linoléique et 2 g/jour d'acide linolénique**
- En dehors de ces recommandations particulières, les remarques sur la répartition des AG saturés et insaturés sont identiques à celles de la population générale, en particulier en ce qui concerne **le risque cardiovasculaire** et **la protection anti-stress oxydant**

D. BESOINS EN PROTIDES

Les protides ne représentent qu'un substrat énergétique « de secours » lors des exercices d'intensité élevée et de durée prolongée, lorsque tous les autres substrats ont été utilisés.

- Le rôle de l'apport en protides chez le sportif est la réparation des microlésions musculaires occasionnant une fuite extracellulaire de protéines (sportifs d'endurance) ou l'apport de matériau nécessaire au gain de masse musculaire (sportifs de force)
- En pratique, les apports conseillés représentent **10-15%** de l'AET :
  - Chez le sportif en endurance, l'intérêt est d'obtenir un bilan protéique nul (utiliser 1,2-1,5 g/kg/jour)
  - Chez le sportif de force, l'apport peut être augmenté durant la phase d'anabolisme musculaire (1,5-2 g/kg/jour dont 75% sous forme d'aliments courants et une supplémentation **sous contrôle médical,** sans dépasser **6 mois)**
- **Il n'y a aucune indication à une supplémentation en protéines chez le sportif** (y compris en **créatine,** puisque la réserve se reconstitue très vite - voir paragraphe sur les besoins en énergie)

E. BESOINS EN EAU ET ELECTROLYTES

Une bonne hydratation et un respect de l'homéostasie des électrolytes sont capitaux afin d'éviter des accidents parfois gravissimes.

1. Intérêt de l'eau et des électrolytes

- L'ensemble des réactions cellulaires impliquées dans l'activité physique produit de **l'énergie dont 25% seulement sont converties sous forme mécanique. Restent 75% sous forme de chaleur** qui sera évacuée de l'organisme par **évaporation (600 kcal/L de sueur)** afin de **maintenir la température corporelle dans des limites compatibles avec la survie**
- Le débit sudoral dépend de :
  - La température corporelle et extérieure
  - L'acclimatation de l'organisme à la chaleur (phénomène d'adaptation)
  - L'hydratation corporelle
  - Le type et intensité de l'exercice (footing : 1 L/heure - match de tennis : 3 L/heure)

- Dans la sueur est également excrété le **NaCl** (20-60 mmol/L)
- On retient ici 3 objectifs pour les besoins en eau et électrolytes chez le sportif :
    - Maintien d'une volémie efficace (prévention de la déshydratation)
    - Maintien d'une homéostasie hydro-électrolytique satisfaisante (prévention de l'hyponatrémie)
    - Maintien d'une température physiologique (prévention du coup de chaleur)

2. En pratique

- Afin d'apprécier la perte hydrique, le meilleur moyen est **la pesée immédiatement avant et après l'exercice.** La soif est un mauvais facteur d'appréciation de la balance hydrique et sodée durant l'effort ou à courte distance de celui-ci
- La meilleure technique de prévention est de... **boire de l'eau.** Cela dit, lors de certains efforts où la perte sodée peut être importante, il faut également supplémenter en NaCl afin d'éviter d'apporter plus d'eau que de sel... cela créerait sinon un excès d'eau qui mène, si vous connaissez bien votre physiologie, à une **hyperhydratation intracellulaire** avec **hyponatrémie**
- **Avant l'effort :**
    - Ingérer 500 mL d'eau dans les 2 heures précédant l'activité
    - Surtout si temps chaud et humide +++
- **Pendant l'effort :** plus celui-ci sera prolongé, plus l'apport d'eau **et surtout de sel** devra être important :
    - < 1 heure : 50% de la perte d'eau prévisible
    - 1-3 heures : 1,5 L/heure avec 1,2 g/L de NaCl
    - 3 heures : 1 L/heure avec 1,2 g/L de NaCl
- **Après l'effort :** il faut restaurer l'équilibre hydro-électrolytique par un apport de **150% de la perte de poids** sous forme d'eau avec 1,2 g/L de NaCl

VI. BESOINS EN MINERAUX ET VITAMINES

Les apports en vitamines et minéraux sont normalement couverts par l'augmentation des AET sous réserve qu'ils respectent les ANC de la population générale et ceux spécifiques aux sportifs décrits ci-dessus.

- Le risque de carence existe s'il existe une restriction calorique volontaire et/ou une éviction de certains groupes d'aliments
- D'où l'intérêt :
    - D'une enquête alimentaire bien établie
    - Du dépistage d'un trouble du comportement alimentaire
    - De cerner si le sportif entre dans un groupe à risque de carences particulières
- On retrouve les 3 principaux points à considérer en nutrition (voir paragraphe d'introduction)

KB

7 : iECN 2016 items 247-253

APTITUDE AU SPORT. BESOINS NUTRITIONNELS DU SPORTIF. MODIFICATION THÉRAPEUTIQUE
DU MODE DE VIE CHEZ L'ENFANT ET L'ADULTE (ACTIVITÉ PHYSIQUE)

NUTRITION DU SPORTIF : GRANDS PRINCIPES

- ADAPTATION PHYSIOLOGIQUE DE L'ORGANISME

- A LA BASE :
  - RECOMMANDATIONS DE LA POPULATION GENERALE
  - ADAPTATION SPECIFIQUE

- COUVRIR LES BESOINS EN ENERGIE +++

- ASSURER UNE HYDRATATION ET UN APPORT SODE ADAPTES +++

- LE CORPS UTILISE SURTOUT :
  - LES GLUCIDES (SPORTS DE FORCE)
  - LES LIPIDES (SPORTS D'ENDURANCE)

- EN DEHORS DE L'EFFORT : ALIMENTATION EQUILIBREE ET ADAPTEE

- EN COMPETITION :
  - AVANT EFFORT : REMPLIR RESERVES EN GLYCOGENE + HYDRATER
  - PENDANT EFFORT : REHYDRATER - RESUCRER - SUPPLEMENTER EN SEL
  - APRES EFFORT : RECONSTITUER RESERVES EN EAU ET GLYCOGENE

- AUCUNE SUPPLEMENTATION EN PROTEINES, VITAMINES OU MINERAUX NECESSAIRE

- TOUJOURS EVALUER :
  - LA DIETETIQUE (APPORTS, DEPENSES, COMPOSITION DES REPAS)
  - LE PATIENT (MODE DE VIE, ATCD, TERRAIN, GROUPE A RISQUE)
  - LE COMPORTEMENT ALIMENTAIRE (GOUTS, HABITUDES...)

uECN
EN QUESTIONS ISOLEES
les cahiers d'entraînement pour l'iECN

Toutes les "questions isolées" tombables à l'ECN

- **Un entraînement intensif de chaque item faisant l'objet d'un chapitre pour chacun d'entre eux**

- **Des questions couvrant l'ensemble de la spécialité**

- Une **grille de cotation** accompagnée de **commentaires** permettant d'adopter la **méthode de réflexion des meilleurs de l'ECN** et d'acquérir leurs **astuces**

- Un contenu **conforme aux nouvelles modalités d'examen et au nouveau programme** organisé en Unités d'Enseignement

- Un **coaching personnalisé** pour vous aider à **mieux identifier les zéros, mots-clés et réflexes**

- Des **fiches de synthèse** afin de mieux cibler les éléments QCM à cocher et les mots-clés des QROC

QCM ET QROC

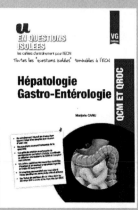

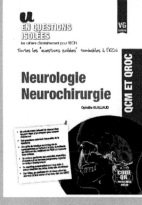

Retrouvez tous les ouvrages de cette collection en scannant ce code

http://www.vg-librairies.com/ ecn/qroc-qcm/ue-ecn-en-questions-isolees.html

DÉNUTRITION ET AMAIGRISSEMENT DE L'ENFANT ET DE L'ADULTE

Chapitre 8

LES OBJECTIFS DU CNCI :

N°248. Dénutrition chez l'adulte et l'enfant

- Diagnostiquer une dénutrition dans les différentes populations de patients.

- Identifier les sujets à risque de dénutrition.

- Prescrire un soutien nutritionnel de premier recours.

N°249. Amaigrissement à tous les âges

- Argumenter les principales hypothèses diagnostiques et justifier les examens complémentaires pertinents.

*Tout déséquilibre de l'état nutritionnel augmente la morbi-mortalité et constitue un facteur pronostique des pathologies médicochirurgicales. Ce déséquilibre résulte tout simplement d'une **inadéquation** entre apports et besoins en **énergie** et en **protéines** (parfois des deux dans des proportions variables). Dans certains cas, la dénutrition est au premier plan du tableau clinique, mais, la plupart du temps, elle se retrouve noyée dans le tableau général ou masquée par la pathologie initiale. Elle peut ne pas être diagnostiquée si on ne se donne pas la peine de la rechercher en évaluant systématiquement et de façon simple l'état nutritionnel de ses patients. Retenez, pour en finir avec ce préambule, que la plupart des séries retrouvent une prévalence de la dénutrition chez **30-60%** de malades hospitalisés.*

I. DEFINITIONS ET MECANISMES

A. DEFINITIONS

- La **maigreur** correspond à un poids corporel compris entre **80 et 90%** du poids du patient
- La **dénutrition** correspond à une inadéquation entre les apports calorico-protéiques et les besoins de l'organisme
- Il n'existe pas de consensus précis sur les critères diagnostiques de dénutrition. Plusieurs marqueurs sont utilisés en fonction de l'âge : des marqueurs cliniques (**IMC, perte de poids**) et des marqueurs biologiques

B. CONSEQUENCES DES DEFICITS ENERGETIQUES ET PROTEIQUES

- Rappel :
    - Les glucides constituent le principal **substrat énergétique** de l'organisme (glycolyse aérobie, anaérobie lactique et alactique)
    - Les lipides représentent la principale forme de **stockage énergétique** de l'organisme, pouvant en libérer si besoin (bêta-oxydation et cétogenèse)
    - Les protides ne représentent, d'un point de vue énergétique, qu'une réserve de **secours.** Ils ont un rôle **essentiel dans le fonctionnement de l'organisme**

- Donc, vous comprenez aisément que glucides et lipides, en dehors de rôles propres étudiés précédemment, ont avant tout comme rôle de **fournir de l'énergie,** mais, qu'en cas de carence d'apport, les protéines peuvent, temporairement se transformer en « carburant de secours ». En revanche, l'inverse n'est pas possible : les protéines ont des rôles **essentiels** (structure, enzymes…) que ne peuvent assurer glucides et lipides.
- La dénutrition protéique est donc une pathologie en elle-même, et c'est une maladie **grave**

La dénutrition concerne d'une part l'insuffisance énergétique et, d'autre part, l'insuffisance protéique. Parfois, il existe donc des dénutritions sans carence énergétique prédominante.

- Nous allons d'abord étudier la carence énergétique pure (modèle du **marasme**) puis la carence protéique pure (modèle du **kwashiorkor**). Mais il faut que vous compreniez dès maintenant que, selon les mécanismes en jeu, ces 2 phénomènes sont associés dans des proportions différentes. L'objectif sera alors de déterminer :
  - La part de dénutrition calorique
  - La part de dénutrition protidique
  - Les mécanismes en jeu

1. La carence d'apport énergétique (modèle du marasme)

- La dénutrition par carence d'apport se manifeste par un ensemble de réactions **d'adaptation du corps au jeûne** (façonné par un organisme habitué à recevoir de la nourriture de façon discontinue et sélectionné par l'évolution au fur et à mesure des périodes de disette)

On distingue **4 phases :**
- **Phase 1 : post-absorptive** (dure quelques heures et sépare 2 prises alimentaires) :
  - En période post-prandiale, la glycémie s'élève, d'où une **élévation de l'insulinémie** et une **baisse de la glucagonémie.** Ce rapport I/G élevé favorise **l'anabolisme :**
    - × Stimulation de la glycogénogenèse, de la glycolyse, de la lipogenèse et de la protéogenèse
    - × Inhibition de la glycogénolyse, de la néoglucogenèse, de la lipolyse et de la protéolyse
  - Puis, le rapport I/G s'inverse au fur et à mesure que la glycémie diminue et que l'on s'éloigne du repas. Cette inversion favorise le **catabolisme** (toutes ces tendances s'inversent et le corps tend à passer en **cétogenèse** modérée)

- **Phase 2 : adaptative** (dure 1 à 3 jours) :
  - En peu de temps, le glycogène est épuisé et le glucose est totalement produit par **la néoglucogenèse**
  - L'organisme tire donc son énergie à partir :
    - × Des protides par la néoglucogenèse (à partir des acides aminés, seuls substrats pouvant donner du glucose par cette voie en quantité suffisante)
    - × Des lipides par la bêta-oxydation hépatique, rapidement saturable, et la cétogenèse
  - Donc, l'organisme pourrait utiliser la voie des lipides et épargner les protéines pour produire son énergie, mais certains tissus ont absolument besoin **du glucose** et de lui seul pour fonctionner. Donc, le corps n'a qu'une solution pour produire son glucose : transformer ses muscles en acides aminés
  - Cela explique que, durant cette phase, **l'urée urinaire est augmentée** puisqu'elle témoigne de la protéolyse

- **Phase 3 : jeûne prolongé** (peut durer plusieurs mois selon les réserves énergétiques) :
  - C'est à cette phase que l'organisme montre un pouvoir d'adaptation fantastique : **il va transformer sa physiologie afin d'épargner le muscle en limitant sa consommation de glucose et en utilisant les réserves lipidiques**
  - Il existe donc **UNE EPARGNE ENERGETIQUE et UNE EPARGNE PROTEIQUE**
  - Le tableau réalisé correspond au **marasme**
  - Lors de cette phase, on assiste donc à :
    - Une baisse de la néoglucogenèse (donc de l'utilisation des AA, donc de la protéolyse) donc **une diminution de l'urée urinaire**
    - Une augmentation de la cétogenèse *via* la lipolyse à partir des **stocks de lipides** dont la quantité conditionne la durée de cette phase
  - Les 2 mécanismes d'épargne énergétique et protéique sont :
    - **La baisse de l'insulinémie** : baisse de l'utilisation du glucose, de la lipogenèse et de la protéogenèse et hausse de la lipolyse et de la cétogenèse.
    - **La baisse de T3** (et la hausse de rT3) : c'est le fameux **syndrome de basse T3**. Cette hormone thyroïdienne accélère le métabolisme. La réduire permet d'épargner le métabolisme

Remarque : retenez qu'on ne peut pour autant parler d'hypothyroïdie car la thyroïde fonctionne parfaitement, comme en témoignerait une TSH normale.

- **Phase 4 : dite terminale :**
  - A ce stade, le glycogène et le tissu adipeux sont totalement épuisés. L'organisme n'a donc d'autre ressource que de réutiliser les AA : **l'excrétion d'urée reprend**
  - Une fois les muscles utilisés, des protéines essentielles vont être touchées et **les signes de carence protéique vont apparaître** (cliniques et biologiques – voir plus bas)
  - La mort survient lorsqu'une part trop importante des protéines a été utilisée

2. La carence protéique

- Dans certains cas, la carence protéique n'est pas la conséquence d'un épuisement des réserves lipidiques comme dans le modèle du marasme, mais d'autres mécanismes à l'œuvre tels qu'un apport insuffisant ou une destruction accrue des protéines, **indépendamment de l'apport énergétique**, comme nous l'avons dit plus haut
- Cela mène à une altération de grandes fonctions de l'organisme dont les signes, aspécifiques, correspondent à ceux de la carence protéique

GRANDES FONCTIONS PERTURBEES PAR LA CARENCE PROTEIQUE

1. **FONCTION MUSCULAIRE**
2. **FONCTION IMMUNITAIRE**
3. **FONCTION HEMODYNAMIQUE (PRESSION ONCOTIQUE)**
4. **FONCTION DE CICATRISATION**
5. **FONCTION DIGESTIVE**

- **Fonction musculaire :** les muscles constituent la principale réserve d'acides aminés. Trop utilisée, la masse musculaire sera réduite et il en résultera une **amyotrophie** avec **réduction des capacités physiques** (donc, de l'autonomie) et **du stock énergétique de secours**

- **Fonction immunitaire :** les 2 systèmes, humoral et cellulaire, sont touchés, mais c'est surtout **l'immunité cellulaire** qui en subira les conséquences. A ce stade, les tests sont perturbés (IDR anergique, tests d'hypersensibilité négatifs, lymphopénie). En résulte, bien sûr, **une susceptibilité accrue aux infections qui représente la 1ère cause de mortalité du patient dénutri +++**

- **Fonction hémodynamique :** l'albumine est la principale protéine circulante et le facteur majeur de maintien de la pression oncotique. En cas d'hypoalbuminémie, il existe **des œdèmes** avec, parfois, **anasarque.** Le foie est hypertrophié car il essaie de compenser ce déficit et souffre d'une stéatose (il stocke des triglycérides car les apports énergétiques ne sont pas réduits), d'où une **hépatomégalie** associée

- **Fonction de cicatrisation :** certes, la dénutrition n'est pas le seul facteur d'altération de la cicatrisation. Cependant, la dynamique cutanée est perturbée en cas de carence protéique. La peau et les phanères sont fragiles et raréfiés. Il faut toutefois rechercher d'autres carences (fer, vitamines) associées

- **Fonction digestive :** toutes les fonctions, à tous les niveaux du tube digestif, peuvent être perturbées. Il en résulte une difficulté d'alimentation et une malabsorption **auto-entretenant** la dénutrition (cercle vicieux : le serpent se mord la queue)

LE MODELE DU MARASME : DANS L'ORDRE, POUR RESUMER

- **EPARGNE ENERGETIQUE ET PROTEIQUE + UTILISATION DES RESERVES LIPIDIQUES (1, 2, 3) :**
  - × **Baisse de l'activité physique, asthénie (physique, psychique, sexuelle)**
  - × **Hypométabolisme : bradycardie, hypotension, aménorrhée +++**
  - × **Cachexie et perte de poids par diminution des lipides (plis cutanés diminués)**
  - × **Urée urinaire basse, cétonurie augmentée, T3 diminuée**
  - × **Marqueurs biologiques non perturbés**
- **PUIS, UNE FOIS LES RESERVES EPUISEES, LA CARENCE PROTEIQUE S'INSTALLE :**
  - × **Epuisement des réserves musculaires (amyotrophie et capacité physique réduite)**
  - × **Baisse de l'immunité (surtout cellulaire) : infections à répétition**
  - × **Complications cutanées, digestives, métaboliques**
  - × **Œdèmes, anasarque, hépatomégalie**
  - × **Perturbation des marqueurs**

Il faut bien comprendre que cela correspond au modèle de la carence d'apport énergétique pure, mais que les signes de carence protéique s'installent plus tôt, voire avant, si un mécanisme supplémentaire vient s'ajouter.

C. MECANISMES EN JEU

- Il existe **4 principaux mécanismes** à l'origine de ces déséquilibres :
    1. **DEFAUT D'APPORTS ALIMENTAIRES**
    2. **MALABSORPTION**
    3. **EXCES DE PERTES**
    4. **HYPERCATABOLISME**
- On remarquera que 1 et 2 empêchent les nutriments de parvenir aux cellules alors que 3 et 4 les consomment en excès... **le but du jeu est de cerner la part respective jouée par ces différents mécanismes chez un patient donné**

1. Défaut d'apports : c'est le modèle du marasme

2. Malabsorption/excès de pertes

- Elles associent un défaut d'apport énergétique et/ou protéique (dont nous venons de voir la physiopathologie) à une carence en divers nutriments et oligo-éléments selon leur mécanisme (voir plus bas)
- Souvenez-vous que lorsqu'une carence protéique s'est installée, elle peut causer en elle-même une malabsorption et auto-entretenir la dénutrition alors que cette dernière relevait d'un tout autre mécanisme (voir ci-dessus)

3. L'hypercatabolisme

- **En phase aiguë,** l'hypercatabolisme correspond à une réponse métabolique de l'organisme agressé. Il doit trouver un équilibre entre :
    - La nécessaire réponse inflammatoire, principale composante de l'immunité non spécifique (qui nécessite de l'énergie)
    - L'immunité spécifique, d'action plus lente, laissée pour compte au profit de l'inflammation, d'importance plus « immédiate »
- Cet état s'accompagne d'une augmentation de toutes les réactions de l'organisme. Retenez, essentiellement :
    - Une augmentation de la dépense énergétique alors que les apports baissent (état d'agression aigu)
    - Un état d'insulinorésistance (afin de réduire l'utilisation du glucose)
    - Une augmentation de l'utilisation des lipides et des muscles (toutes les sources d'énergie sont mises à contribution sans distinction et, donc, une dénutrition peut s'installer très rapidement +++)
- **En cas de maladie chronique,** l'ambiance est différente. Il s'agit d'un tableau proche du modèle du fameux kwashiorkor (voir tableau). Les 4 mécanismes cités au début de ce chapitre entrent en jeu du fait :
    - D'une fréquente **anorexie** (réduction des apports)
    - D'une **inflammation chronique** (hypercatabolisme)
    - De **complications digestives** (malabsorption, pertes et réduction des apports)
    - De complications **intercurrentes** (infections) dues à la maladie, à la dénutrition ou **aux traitements +++** (4 mécanismes impliqués)

LE MODELE DU KWASHIORKOR

- Pour votre culture : mot d'origine ghanéenne (Kwaski = premier, Orkor = second). Il s'agit de la maladie qui frappe un premier né lorsqu'il est sevré du fait d'une nouvelle grossesse de la mère

- Il s'agit d'un état de **malnutrition protéique pure** (rattaché, dans le cas de l'enfant, à l'utilisation de protéines de faibles qualités nutritionnelles) associé à **une inflammation chronique**

- Il associe :

  × Apport insuffisant de protéines

  × Malabsorption et pertes digestives (du fait de troubles digestifs rattachés à la carence protéique et d'infections telles que des parasitoses)

  × Facteurs pathologiques chroniques (infections) : hypercatabolisme et inhibition des mécanismes d'adaptation

- Il peut donc s'appliquer au modèle, fréquent en pratique, des **maladies chroniques**. Retenez bien, encore une fois, les 4 composantes :

  1. **ANOREXIE**

  2. **INFLAMMATION CHRONIQUE (VIH, CANCER)**

  3. **COMPLICATIONS INTERCURRENTES (INFECTIONS)**

  4. **TRAITEMENTS AGRESSIFS**

II. EVALUATION DE L'ETAT NUTRITIONNEL

- Cette évaluation n'est que l'une des étapes de la prise en charge de la dénutrition. Elle doit être systématiquement menée lorsqu'un trouble de la nutrition est suspecté devant le tableau clinique ou du fait d'un contexte favorisant (socio-économique ou pathologique)

- Il comprend 5 étapes :

EVALUATION DE L'ETAT NUTRITIONNEL : 5 ETAPES

1. **INTERROGATOIRE ET EXAMEN CLINIQUE**

2. **EVALUATION DES APPORTS**

3. **MARQUEURS BIOLOGIQUES**

4. **MESURES ANTHROPOMETRIQUES**

5. **CALCUL D'INDEX PRONOSTIQUES**

A. INTERROGATOIRE ET EXAMEN CLINIQUE SONT PEU SPECIFIQUES

Les signes décrits ci-dessous ne sont que la conséquence des diverses étapes de l'adaptation au jeûne avec une part de carence protéique pouvant survenir plus rapidement si d'autres mécanismes sont en jeu.

- **Poids :**
  - **Calcul du poids théorique et de l'IMC :** IMC < 17 (voire 20 chez le sujet âgé)
  - **Evaluation de l'amaigrissement** par rapport au **poids habituel :** cela permet de diagnostiquer une dénutrition chez un sujet en surpoids (mais ce chiffre peut être faussé par la présence **d'ascite** ou **d'œdèmes**) :
    - × Sur le dernier mois : perte de plus de 5% (10% = sévérité)
    - × Sur les 6 derniers mois : perte de plus de 10% (15% = sévérité)
- **Retentissement fonctionnel : hypométabolisme :**
  - **Asthénie** (activité physique, intellectuelle, sexuelle)
  - **Bradycardie, hypotension**
  - **Hypogonadisme hypogonadotrope (hypothalamus) : aménorrhée secondaire,** baisse de la libido, infertilité, ostéoporose
- **Réserves adipeuses et musculaires :** mètre et compas sont utilisés :
  - **Plis cutanés :** tricipital, bicipital, sous-scapulaire, supra-iliaque
  - **Circonférence musculaire brachiale**
- **Signes cutanés :** témoignent de la carence protéique, de l'hypométabolisme et de diverses carences vitaminiques :
  - **Muqueuse buccale :** langue dépapillée, mycose, perlèches, stomatite, denture dévastée
  - **Phanères :** ongles fragiles et cassants, cheveux secs, fins, raréfiés, peau amincie et sèche
  - **Peau :** acrocyanose, syndrome de Raynaud (troubles vasomoteurs), troubles trophiques **(escarres +++)**
- **Signes de carence protéique :**
  - **Immunodépression :** infections à répétition
  - **Hypoalbuminémie :** œdèmes diffus et hépatomégalie (hypertrophie compensatrice)
  - **Retard de cicatrisation**
  - **Digestifs :** dysphagie, diarrhée, syndrome de malabsorption (indépendamment de la cause)

B. EVALUATION DES APPORTS

1. L'interrogatoire alimentaire

- Il s'agit d'une méthode **rétrospective.** Elle a principalement un but de **débrouillage**
- Elle consiste en :
  - Un rappel des aliments des dernières 24 heures
  - La composition des repas et le mode de préparation
  - La nature et la quantité de prises inter-prandiales
- Principaux avantages : rapide et utilisable
- Principaux inconvénients : liés à la **mémorisation** et à des erreurs de déclaration causées par le désir **d'approbation sociale** (le patient se sent jugé, même inconsciemment, par le soignant)

2. Le carnet alimentaire

- Il s'agit d'une méthode **prospective.** Faisant suite à la 1ère consultation, elle apporte de nombreux renseignements
- Elle consiste en :
  - Noter sur un carnet aliments et boissons consommés sur une période de **3 à 7 jours** (pourquoi cette durée ? Plus court, les informations sont trop peu précises. Plus long, la motivation se perd)

- Tâcher de noter ces informations **en temps réel,** au fur et à mesure, afin de supprimer le biais de mémorisation
- Peser si possible les aliments et préciser sur le carnet les quantités et les recettes utilisées

- Principaux avantages : informations fiables, aucun biais, recul sur journée et semaine
- Principaux inconvénients :
  - Nécessité de savoir lire et écrire (attention : les populations les plus exposées aux erreurs nutritionnelles sont les plus défavorisées sur le plan socio-éducatif)
  - Nécessité de la collaboration et de la motivation du patient
  - Modification des habitudes alimentaires induite par l'auto-observation

3. L'histoire alimentaire : interrogatoire alimentaire + carnet sur 3 jours

4. Les questionnaires de fréquence : cette méthode consiste à noter, sur une liste préétablie, la fréquence de consommation de certains groupes d'aliments. L'indication principale est de cerner **le risque de carence en certains nutriments**

5. Le comportement alimentaire

- Il faut **cerner le comportement alimentaire** en dépistant **les symptômes éventuels** (voir chapitre de début sur le comportement alimentaire)
- Il faut faire préciser l'alternance des repas, les conditions de recherche et de préparation des aliments. S'il existe des prises inter-prandiales, il faut en déterminer les facteurs conditionnants

C. MARQUEURS BIOLOGIQUES

- Certains marqueurs sont parfaitement aspécifiques et témoignent des modifications métaboliques. Ils peuvent avoir un intérêt dans la recherche de carences associées et dans le bilan étiologique, mais ne peuvent qu'orienter :
  - **NFS :** anémie (recherche de carences spécifiques) et surtout **lymphopénie** (< 1.000 : signe de carence protéique)
  - **Hyponatrémie** (inadéquation apports sodés/eau) avec hypo-osmolalité
  - **Urée et créatinine** abaissées en cas de carence protéique
  - **Kaliémie :** dépiste l'hypokaliémie multifactorielle des TCA (QS)
  - **Hypoglycémie** (en cas de dénutrition sévère)
  - **Bilan thyroïdien :** recherche du **syndrome de basse T3** (T4 et TSH normaux +++)
- Bien plus importants sont les **marqueurs de dénutrition protéique qui ne sont interprétables qu'en l'absence de syndrome inflammatoire +++ :**

MARQUEURS DE DENUTRITION PROTEIQUE
« RATP » en l'absence de syndrome inflammatoire
- RETINOL-BINDING PROTEIN (RBP) : N = 0,25-0,75 g/L
- **ALBUMINE +++ : N > 30 g/L (sévère si < 20-25 g/L) - DV de 17 jours**
- TRANSFERRINE : N = 2-4 g/L
- **PREALBUMINE (TRANSTHYRETINE) : N > 110 mg/L - DV de 2 jours**

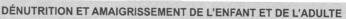
- **L'albumine** est le principal marqueur utilisé :
  - × Elle est associée à une augmentation de la morbi-mortalité pour des concentrations **inférieures à 30 g/L** (et à un pronostic plus sévère lorsqu'elle est inférieure à **20-25 g/L**
  - × Sa demi-vie longue (17 jours) à ne permet pas d'en faire un marqueur de suivi immédiat
  - × Elle doit être interprétée en fonction d'autres facteurs hypoalbuminémiants (syndrome néphrotique, insuffisance hépatocellulaire, syndrome inflammatoire)
- **La Préalbumine (ou transthyrétine)** est utilisée, du fait de sa demi-vie courte de 2 jours comme **marqueur de suivi immédiat** (efficacité d'une renutrition – dépistage rapide de l'installation d'une dénutrition)
- **La RBP et la transferrine** ne sont pas utilisées en pratique courante
- **Les marqueurs du métabolisme protéique** étudient le catabolisme protéique de 2 façons principales :
  - **L'index de créatinine** qui reflète la masse musculaire et peut être suivi par un simple bilan urinaire. On utilise le rapport **créatininurie/taille**
  - **Le bilan azoté** évalue la différence entrée/sortie de protéines. En ce qui concerne les sorties, on utilise l'urée urinaire (azote excrété = **urée x 0,036 en mmol/24 heures).** On l'utilise pour surveiller l'efficacité d'une thérapeutique nutritionnelle

D. MESURES ANTHROPOMETRIQUES : COMPOSITION CORPORELLE

- **Mesure du pli cutané (détermination de la masse grasse) :** effectuée à l'aide de compas adipomètres. Elle peut se faire au lit du malade ou en consultation. On utilise la somme des 4 plis (bicipital, tricipital, sous-scapulaire et supra-iliaque). Des échelles sont ensuite utilisées pour interpréter les résultats
- **Mesure de la circonférence brachiale (détermination de la masse maigre) :** effectuée à l'aide d'un mètre. Par diverses formules, on peut évaluer la masse maigre et suivre son évolution
- **Impédancemétrie bioélectrique :** certains services spécialisés en sont équipés. De toutes les mesures « spécialisées », c'est la plus facile à effectuer. Elle n'est bien sur pas systématique
- **Absorptiométrie biphotonique**
- **TDM et IRM**

E. INDEX PRONOSTIQUES

- De nombreux index ont été proposés afin d'établir un diagnostic, de cerner des groupes à risque ou de suivre l'évolution d'une dénutrition. En pratique, vous devez retenir les index de **Buzby** et de **Detzky (ou NRA)**
- **Index de Buzby :**
  - Egalement appelé Index de Risque Nutritionnel (NRI anglais)
  - Il prend en compte **l'albuminémie** et **la variation de poids**
  - La formule est la suivante (un peu simplifiée) :

IRN = 1,5 x ALB + 42 (Poids actuel/Poids habituel)

  - Il sépare les patients en 3 groupes :
    - × **< 83,5% : dénutrition sévère**
    - × **83,5-97,5% : dénutrition modérée**
    - × **> 97,5% : état nutritionnel normal**

- **Index de Detsky (NRA) :**
  - Egalement appelé **évaluation globale subjective.** Il est bien corrélé aux résultats des différents examens complémentaires
  - Il prend en compte :
    - × Les variations pondérales récentes (15 jours) et quantifie sur les 6 derniers mois
    - × La modification des apports alimentaires et leur type
    - × La présence de symptômes digestifs
    - × La perte d'autonomie
    - × L'existence d'une perte de masse grasse ou de masse maigre (sans la quantifier)
    - × L'existence d'œdèmes ou d'épanchements
    - × L'existence d'un stress métabolique
  - D'apparence simpliste, cet index simple est un excellent outil d'évaluation et de suivi. Il permet de classer les patients en 3 catégories (A : bien nourri, B : modérément dénutri, C : sévèrement dénutri)

> **A l'issue de cette étape, vous êtes capable de poser le diagnostic de dénutrition, d'en évaluer la sévérité et la part distincte des composantes calorique et protéique.**

	Avant 70 ans	Après 70 ans
IMC	< 17	< 20
Perte de poids (1 mois)	5% **(10%)**	5% **(10%)**
Perte de poids (6 mois)	10% **(15%)**	10% **(15%)**
Albumine	< 30 **(< 20)**	< 30 **(< 25)**
Préalbumine	< 110 **(< 50)**	< 110 **(< 50)**
Index spécifique	Buzby < 97,5 **(< 83,5)**	Buzby < 97,5 **(< 83,5)**

Critères diagnostiques et de sévérité de la dénutrition

III. ETIOLOGIES

- Répétons-le : généralement, plusieurs mécanismes sont intriqués. Il importe donc de les cerner pour agir sur chacun d'eux. Retenez qu'un mécanisme peut être le fait de plusieurs étiologies et qu'une pathologie peut dégrader l'état nutritionnel par plusieurs mécanismes
- Nous étudierons ici les étiologies en les classant selon **le mécanisme prédominant** tout en retenant qu'il n'est pas seul en cause !!
- Cette liste n'est pas exhaustive, bien sûr, mais devant toute pathologie, le réflexe à avoir est essentiellement de rechercher les **principaux mécanismes +++**

A. APPORTS DIMINUES

1. Carence d'apport pure : modèle du marasme

> Ce mécanisme est généralement évident dès l'interrogatoire et/ou après évaluation des apports. N'affirmez pas un TCA avant d'avoir éliminé une cause organique.

- **Anorexie mentale** (QS)
- **Anorexie secondaire :** toute pathologie générale peut diminuer l'appétit (vous avez faim quand vous avez une grippe avec 40°C de fièvre, vous ?)

- **Troubles buccodentaires et digestifs** : vous avez envie de manger quand vous avez mal au ventre ou un aphte gigantesque dans la bouche ?
- **Syndrome dépressif sévère** : diagnostic clinique, s'aider des tests psychométriques
- **Grève de la faim**
- **Contexte socio-économique** (personne âgée – famine)

2. Malabsorptions

Ce mécanisme est rarement isolé et associe souvent carence d'apport, pertes protéiques et hypercataboisme des maladies chéoniques. Le symptôme d'appel est souvent une diarrhée chronique ou peut être lié aux carences. La ferritine est un bon marqueur.

- **Dénutrition protéique ou mixte**
- **Maldigestion** :
    - Insuffisance pancréatique exocrine (pancréatite chronique, mucoviscidose)
    - Cholestase chronique
- **Malabsorption** :
    - Maladie coelique
    - MICI : RCUH, maladie de Crohn
    - Lymphome digestif
    - Pullulation microbienne
    - Chirurgie duodéno-jéjuno-iléale (Bypass)

SYNDROME DE MALABSORPTION

*ATTEINTE DE L'INTESTIN GRELE : absorption des lipides, protides, vitamines et oligoéléments :

1. **LIPIDES : selles graisseuses + stéatorrhée (> 5 g/24 heures)**
2. **PROTIDES : créatorrhée (> 2 g/24 heures) + carence protéique (hypoalbuminémie)**
3. **VITAMINES B (folates et B12) : syndrome anémique + anémie macrocytaire**
4. **VITAMINE K : syndrome hémorragique + TP abaissé + F 2, 7, 9, 10 abaissés et F5 normal**
5. **CALCIUM ET VITAMINE D : ostéomalacie, ostéoporose, tétanie, convulsions, hypocalcémie**
6. **FER : anémie microcytaire + troubles des phanères + fer sérique et ferritine bas**

*CAUSES :

1. **MALDIGESTION insuffisance pancréatique ou biliaire (cholestase chronique)**
2. **MALABSORPTION : maladie cœliaque, RCH, Crohn, pullulation microbienne, lymphome**
3. **ENTEROPATHIE EXSUDATIVE (s'accompagne alors d'une hypoalbuminémie profonde)**

*DIAGNOSTIC DE LA MALABSORPTION :

1. **CONFIRMATION : albuminémie, NFS, TP, facteur V, phosphore, calcium, fer sérique, ferritine, folates B12**
2. **TOPOGRAPHIE : D-xylose (proximal) – Schilling (iléal)**
3. **ETIOLOGIE : biochimie des selles (stéatorrhée, créatorrhée, élastase fécale) échographie ou TDM abdominale, bilan hépatique et pancréatique, FOGD + biopsies, IgA totale + antitransglutaminase, +/- transit du grêle**

B. PERTES AUGMENTEES

1. Pertes protéiques pures (généralement climat hypercatabolique + baisse des apports)
- **Pertes cutanées :** escarres, dermatoses étendues (syndrome de Lyell), grands brûlés
- **Pertes urinaires :** syndromes néphrotiques chroniques
- **Pertes digestives :**
  - Entéropathie exsudative +++
  - Fistule digestive

2. Hypercatabolisme aigu : causes métaboliques
- **Diabète décompensé**
- **Hyperthyroïdie**
- **Phéochromocytome**

3. Affections chroniques
Nous l'avons dit plus haut : dans le cas de certaines maladies chroniques, 4 mécanismes (anorexie, hypercatabolisme par inflammation chronique, affections intercurrentes et traitements agressifs) s'associent pour causer une dénutrition qui aggrave le pronostic de la pathologie sous-jacente et augmente la morbi-mortalité.

- **Infections chroniques : anorexie + hypercatabolisme :**
  - Tuberculose
  - **SIDA +++**
  - Abcès profond/endocardite
- **Cancers : anorexie + hypercatabolisme + chimiothérapies :**
  - Hémopathies
  - Cancers solides (digestifs +++ : dysphagie, troubles de la digestion)
- **Maladies respiratoires/insuffisance respiratoire chronique**
- **Insuffisance cardiaque**
- **Maladies rénales/insuffisance rénale chronique**
- **Maladies inflammatoires**

EXEMPLE : MECANISMES DE DENUTRITION AU COURS DU SIDA

1. **ANOREXIE (inflammation chronique, candidose buccale)**
2. **PERTES DIGESTIVES (parasitoses digestives opportunistes, cryptocoques, CMV)**
3. **HYPERCATABOLISME (infection chronique + infections opportunistes et cancers)**
4. **TOXICITE MEDICAMENTEUSE (ddc, ddi, antiprotéases)**

CARENCE D'APPORT	PERTES PROTEIQUES
* ANOREXIE MENTALE	* ESCARRES
* ANOREXIE SECONDAIRE	* BRULES
* TB BUCCODENTAIRES, DIGESTIFS	* DERMATOSES
* SD DEPRESSIF SEVERE	* SYNDROME NEPHROTIQUE CHRONIQUE
* GREVE DE LA FAIM	* FISTULE DIGESTIVE
* CONTEXTE SOCIO-ECONOMIQUE	* ENTEROPATHIES EXSUDATIVES
MALABSORPTION	**PERTES GLOBALES**
* DENUTRITION PROTEIQUE	* DIABETE
* INSUFFISANCE PANCREATIQUE EXOCRINE	* HYPERTHYROIDIE
* CHOLESTASE CHRONIQUE	* PHEOCHROMOCYTOME
* MALADIE CŒLIAQUE	* BK, SIDA, ENDOCARDITE
* MICI : RCUH, CROHN	* CANCERS ET HEMOPATHIES
* CHIR. DUODENO-JEJUNO-ILEALE	* MALADIES INFLAMMATOIRES
* PULLULATION MICROBIENNE	* INSUFFISANCES D'ORGANES
* LYMPHOME	(REIN, CŒUR, RESPI, FOIE)

IV. EN PRATIQUE : DIAGNOSTIC D'UNE DENUTRITION (ORIENTATION DIAGNOSTIQUE DEVANT UN AMAIGRISSEMENT)

- Donc, 2 situations sont possibles :
    - La dénutrition est au 1er plan, il importe de rechercher **les divers mécanismes à l'œuvre** et une éventuelle **étiologie révélée** par la dénutrition (VIH, anorexie, cancer)
    - Un autre état pathologique est au 1er plan et il importe de ne pas négliger l'état nutritionnel puisque sa maîtrise participe au pronostic de l'affection sous-jacente
- Dans tous les cas, 4 objectifs :
    1- Evaluer l'état nutritionnel et rechercher une éventuelle dénutrition
    2- Rechercher le(s) mécanisme(s) en cause
    3- Rechercher les complications de la dénutrition
    4- Proposer un traitement (curatif ou préventif) adapté
- **L'interrogatoire et examen clinique devront permettre :**
    - Evaluation de l'état nutritionnel (QS)
    - Evaluation des apports alimentaires (QS)
    - Recherche des signes évocateurs de différents mécanismes/étiologies
    - Recherche des complications infectieuses, cutanées, métaboliques et évaluation des grandes fonctions vitales
- **On demandera comme marqueurs biologiques :**
    - Les marqueurs protéiques **(albumine et préalbumine)**
    - NFS, bilan thyroïdien
    - Ionogramme – urée – créatinine **(sanguins et urinaires)**
    - ECG – radio du thorax compléteront ces éléments sanguins

- **La recherche d'une étiologie sera organisée en fonction du contexte et de la clinique :**
  - Imagerie digestive : FOGD, coloscopie, ASP, échographie abdominale
  - Bilan hépatique et pancréatique
  - Recherche et bilan d'un syndrome de malabsorption (voir encadré)
  - Sérologie VIH
  - Bilan inflammatoire et infectieux (NFS, VS, CRP, EPP au minimum)
  - Recherche d'un cancer solide
  - Recherche d'une pathologie endocrinienne : bilan thyroïdien, glycémie, BU
- **A ce stade, vous disposez de tous les éléments pour :**
  - Distinguer la part protéique et énergétique de la dénutrition
  - Connaître les pathologies sous-jacentes
  - Cerner les différents mécanismes en cause
  - Connaître les complications déjà installées de la dénutrition

---

Vous pouvez donc mettre en route un traitement, curatif ou préventif, adapté.

V. PRISE EN CHARGE D'UNE DENUTRITION

A. PRINCIPES

5 AXES DE PRISE EN CHARGE D'UNE DENUTRITION

1. **TRAITEMENT ETIOLOGIQUE +++**
2. **TRAITEMENT DE CHAQUE MECANISME**
3. **TRAITEMENT DES COMPLICATIONS**
4. **CORRECTION DES TROUBLES HYDRO-ELECTROLYTIQUES**
5. **DIETETIQUE**

Le traitement étiologique et la correction des troubles hydro-électrolytiques doivent être entrepris le plus tôt possible.

B. LES MOYENS

- Il existe 3 voies d'alimentation : **orale, entérale, parentérale**
- Avant de débuter ce traitement, il faut avoir fait le bilan complet de la dénutrition et des pathologies associées (voir paragraphe IV). A ce moment-là, il est possible d'établir les **besoins du patient +++.** Ceux-ci seront calculés en se basant sur :
  - **Le terrain**
  - **L'état nutritionnel**
  - **Les pathologies associées** (indépendamment de la dénutrition)
  - **Les pertes énergétiques et protéiques**
  - **La présence ou non d'un hypercatabolisme**

- A ce stade, il ne faut pas hésiter à demander **l'avis spécialisé d'un(e) diététicien(ne)**
- Enfin, il faut penser :
  - A **réévaluer** régulièrement le patient (clinique et biologie)
  - A prévenir les complications de la voie d'abord
- **En ce qui concerne les mécanismes :**
  - Anorexie : stimuler, tenir compte des goûts du patient, traiter toute affection buccale ou digestive, lutter contre la dysgueusie médicamenteuse ou le syndrome dépressif. Le traitement spécifique de l'anorexie des TCA est abordé plus loin (QS)
  - Malabsorption : traitement étiologique (enzymes pancréatiques, désobstruction biliaire, régime sans gluten…)
  - Hypercatabolisme : traitement étiologique, corticoïdes (qui ont une action orexigène)
  - Pertes protéiques : traitement étiologique !!

> **Principe majeur : l'assistance nutritionnelle est envisagée chaque fois qu'il existe une dénutrition ou, surtout, <u>qu'elle est prévisible à court terme</u> alors que les apports spontanés sont insuffisants.**

C. LA NUTRITION ORALE : LES PRINCIPES

- **Toujours envisager de la conserver le plus possible !!**
- Sur le plan **quantitatif :** les apports doivent être augmentés **progressivement** par rapport aux apports antérieurs, que ce soit en situation de traitement ou de prévention
- Sur le plan **qualitatif :**
  - Alimentation équilibrée tout **en couvrant les besoins énergétiques et protéiques**
  - Adaptée aux pathologies sous-jacentes (diabète, HTA, insuffisance rénale)
  - **Fréquence des repas augmentée (fractionnement) en évitant les jeûnes nocturnes trop prolongés**
  - **Adapter la texture aux capacités de mastication**
  - Aliments **à haute teneur calorico-protéique** avec respect des **goûts du patient**
  - **Compléments nutritionnels oraux** si besoin lors de collations
- Enfin, il faut **vérifier l'efficacité des mesures prescrites :**
  - Evaluation des apports : **fiche alimentaire précise**
  - Evaluation clinique de l'état nutritionnel : **poids** et signes de dénutrition
  - Evaluation biologique : s'aider des marqueurs si besoin (surtout **préalbumine**)

> **INDICATIONS DE NUTRITION ARTIFICIELLE : PRIVILEGIER LA VOIE ENTERALE +++**
>
> *DENUTRITION SEVERE (QS CRITERES)
> *PERTE DE POIDS SUPERIEURE A 10%
> *SYNDROME HYPERCATABOLIQUE > 1-2 semaines (prévisible ou effectif)

D. LA NUTRITION ENTERALE

- **Voie d'abord :**
  - **Sonde naso-gastrique :** mise en place puis vérification de la position par l'auscultation (bruits aériques dans l'estomac) +/- contrôle radiologique. On la fixe alors par un sparadrap. Cet abord est généralement **temporaire** (< 1 mois)
  - **Gastrostomie ou jéjunostomie :** mise en place par voie endoscopique. C'est la voie de nutrition entérale au long cours (> 1 mois)
- **Solutions utilisées :**
  - **Etablir les besoins en calories et protéines**
  - **Mélanges polymériques à teneur variable en calories et protéines :**
    - **Normo-énergétique :** dans la plupart des cas
    - **Hypo-énergétique :** si augmentation progressive nécessaire
    - **Hyper-énergétique :** si dénutrition importante ou nécessité d'une restriction hydrique et/ou sodée
    - **Hyperprotidique :** l'un des 3 avec **20% de protides**
    - **Enrichies en fibre**
- **Indications :**
  - Dans la majorité des cas, quand le tube digestif est fonctionnel et morphologiquement indemne, elle peut être envisagée
  - **Indication nutritionnelle :** les apports *per os* sont insuffisants ou le patient ne peut s'alimenter par la bouche
  - **Indication fonctionnelle :** obstacle œsophagien ou gastrique, fausses routes
  - **Mise au repos du tube digestif :** pancréatite aiguë, maladie de Crohn

---

Elle doit être préférée à la nutrition parentérale parce que moins coûteuse, maintient l'équilibre de la flore digestive et l'immunité d'origine digestive.

---

3 RAISONS DE PRIVILEGIER LA VOIE ENTERALE (CA TOMBE EN DOSSIER)

1. **MOINS COUTEUSE**
2. **MAINTIENT L'EQUILIBRE DE LA FLORE DIGESTIVE**
3. **MAINTIENT L'IMMUNITE DIGESTIVE**

- **Complications :**
  - **Pneumopathie d'inhalation +++ :** les principaux FdR de cette complication sont :
    - La position en décubitus dorsale, **INTERDITE +++**
    - Le **RGO**
    - La stase gastrique
    - Les troubles de déglutition
  - **Diarrhées :** fréquentes – pouvant auto-entretenir dénutrition et hypoalbuminémie. Elles sont surtout dues à **une souillure bactérienne** des poches et à **l'hyperosmolarité** du liquide
  - **Métaboliques**
  - **Complications locales de l'abord**
  - **Obstruction**

PRECAUTIONS TECHNIQUES (prévention des complications)

1. **TETE SURELEVEE – POSITION ½ ASSISE – CI SI TROUBLES DE VIGILANCE**
2. **DEBIT CONSTANT ET CONTINU**
3. **RECHERCHE D'UNE STASE GASTRIQUE**
4. **AUGMENTATION PROGRESSIVE DES APPORTS**
5. **SOINS LOCAUX**
6. **ENTRETIEN DE LA PERMEABILITE DE LA SONDE**

E. LA NUTRITION PARENTERALE

- **Indications :**
  - Postopératoire immédiat
  - Réanimation médicale
  - Malabsorption majeure
  - Entéropathie diffuse ou sévère
- **Technique :**
  - Perfusion, dans le système veineux, des nutriments, vitamines et sels minéraux nécessaires aux besoins du patient *via* un **cathéter veineux central**
  - Les nutriments sont perfusés sous forme de sérum glucosé concentré, de solutés d'acides aminés (ex. : Vintene®) ou d'émulsions lipidiques (ex. : Ivelip®)
  - Les principales complications sont **infectieuses (5-20% des cas) avec infections du KT pouvant entraîner une septicémie**
  - Bien entendu, il faut réévaluer régulièrement l'état nutritionnel du patient en tenant compte de la non-sollicitation du tube digestif et de l'absence de pertes fécales

> **Il faut respecter des règles d'asepsie stricte lors de la pose du KT, de sa manipulation, ainsi que de celle du système nutritif.**

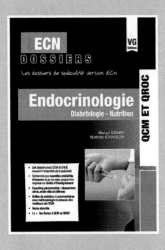

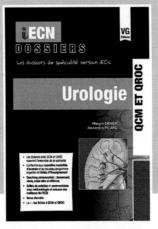

Partie 1
BESOINS NUTRITIONNELS DU SUJET AGE

LES OBJECTIFS DU CNCI :

- Connaître les spécificités des troubles nutritionnels du sujet âgé.

---

3 PRINCIPES ESSENTIELS

1. **PAS DE MODIFICATION DES HABITUDES ALIMENTAIRES D'UN SUJET AGE EN PLEINE SANTE**

2. **PAS DE RESTRICTION CALORIQUE A VISEE AMAIGRISSANTE SAUF SI INDICATION MEDICALE MAJEURE**

3. **LUTTER CONTRE LES 3 FLEAUX :**
   - **DENUTRITION**
   - **SARCOPENIE**
   - **OSTEOPOROSE**

I. LE PATIENT : MODIFICATIONS PHYSIOLOGIQUES

A. MODIFICATION DE LA COMPOSITION CORPORELLE

- 3 facteurs interviennent dans cette transformation :
  - **Le vieillissement**
  - **La baisse d'activité physique**
  - **Les multiples pathologies du sujet âgé**
- **Augmentation de la masse grasse**
- **Diminution de la masse maigre,** en particulier musculaire, d'où le terme utilisé de sarcopénie. Or, outre son rôle dans la locomotion, la masse maigre constitue une réserve nutritive de secours (voir chapitre les nutriments) en cas d'agression (pathologie aiguë, intervention lourde)
- **Diminution de la masse osseuse :** ostéoporose sénile, indépendante de tous les autres facteurs, mais pouvant s'y surajouter, d'où l'intérêt de prévenir les conséquences en traitant ces FdR (c'est ça... la prévention)
- 2 conséquences finales :
  - **Sur le long terme : diminution de la force motrice, d'où baisse de l'activité physique (auto-entretien) pénalisant de nombreux domaines de la vie, d'où perte d'autonomie**
  - **En cas de pathologie aiguë : augmentation du risque de dénutrition aiguë par diminution des réserves « de secours »**

B. ALTERATION DE LA FONCTION DIGESTIVE

- **Buccodentaire :**
  - 3 facteurs à retenir, encore une fois :
    - × **Le vieillissement**
    - × **Diminution de l'hygiène**
    - × **Coût des soins dentaires +++**
  - En résultent des pathologies dégénératives touchant toutes les structures buccodentaires, à savoir :
    - × Dégénérescence dentaire, caries et leurs complications
    - × Parodontolyse, déchaussement
    - × Atrophie des glandes salivaires avec sécheresse buccale et augmentation de la fréquence des **candidoses**
  - D'où 2 conséquences :
    - × **Réduction de l'alimentation par insuffisance masticatoire et salivaire**
    - × **Réduction de la communication verbale**
- **Estomac/intestin :**
  - **Achlorhydrie** par atrophie de la muqueuse gastrique, d'où un **retard d'évacuation du bol alimentaire** et une **pullulation microbienne** pouvant entraîner, entre autres, une **carence en folates**
  - **Baisse de sécrétion des enzymes digestives** entraînant un retard à l'assimilation des nutriments. Notons que la dénutrition auto-entretient ce phénomène
  - **Ralentissement du transit et constipation** du fait :
    - × De la baisse d'activité physique
    - × D'un dysfonctionnement du système nerveux végétatif
    - × D'une baisse du ressenti du besoin
    - × D'une alimentation peu adaptée, voire de régimes ou de **médicaments** prescrits abusivement
    - × La conséquence peut en être **le fécalome** et ses complications
  - **La colopathie fonctionnelle** est donc très souvent retrouvée chez la personne âgée. Tous ces facteurs doivent bien sûr être recherchés, mais elle demeure un **diagnostic d'élimination +++** (attention aux cancers digestifs et à la diverticulose)

C. ALTERATION DES FONCTIONS SENSORIELLES

- **Sens du goût :** le vieillissement s'accompagne d'une élévation du seuil gustatif, rendant les aliments monotones. Seuls trouvent grâce aux yeux des personnes âgées la nourriture riche en sel, sucre ou assaisonnement. Se surajoutent les dysgueusies et agueusies **iatrogènes** (les IEC, par exemple, prescrits comme anti-HTA)
- **Sens de l'odorat :** il diminue également avec l'âge
- Ces 2 sens, du fait des cognitions **agréables** qu'ils induisent, vont, par leur dégradation, influencer le **comportement alimentaire** et, en particulier, **l'appétit**

D. ALTERATION DU METABOLISME DES PRINCIPAUX NUTRIMENTS (QS)

II. LE COMPORTEMENT ALIMENTAIRE

1. Généralités

- Il existe une altération évidente du comportement alimentaire, en particulier par une **perte de la sensation d'appétit** et de **satiété**. En résulte principalement une possible **insuffisance d'apport alimentaire** à l'origine de la **dénutrition** du sujet âgé

- En même temps, du fait de l'altération des fonctions cognitives, le sujet âgé peine à sélectionner les aliments qui joueront un rôle protecteur, en particulier vis-à-vis de **l'ostéoporose, de l'ostéomalacie et de la sarcopénie**

- Il faut donc connaître les divers facteurs influençant de façon négative le comportement alimentaire et **agir** sur ceux d'entre eux qui sont modifiables

2. Les facteurs en cause

**PRINCIPAUX FACTEURS INFLUENÇANT
LE COMPORTEMENT ALIMENTAIRE DE LA PERSONNE AGEE**

1. **MODIFICATIONS PHYSIOLOGIQUES**
2. **FAIBLE NIVEAU SOCIO-ECONOMIQUE**
3. **ISOLEMENT SOCIO-FAMILIAL**
4. **PERTE D'AUTONOMIE : HANDICAP – DETERIORATION COGNITIVE**
5. **SYNDROME DEPRESSIF**
6. **PATHOLOGIES/IATROGENIE**
7. **INSTITUTIONNALISATION**

- **Les modifications physiologiques :** nous les avons étudiées au paragraphe précédent. Elles sont, en particulier, source d'un ressenti **désagréable** des repas (difficultés et douleurs à la mastication, signes fonctionnels digestifs, peu d'attrait pour les aliments). Or, un comportement produisant un effet négatif a tendance à disparaître (voir chapitre Le comportement alimentaire)

- **La baisse du niveau socio-économique** influence le choix des aliments vers des denrées peu onéreuses, ou peu de denrées, tout simplement. De l'intérêt de connaître les différentes aides existant

- **L'isolement social et familial** avec des familles éloignées, des maris et femmes décédés... voire pas de famille du tout. Indépendamment d'un éventuel syndrome dépressif, il n'y a plus de repas pris conjointement. Le rôle social de l'alimentation n'est donc plus un facteur stimulant la prise de repas

- **La perte d'autonomie** qu'elle soit **physique** (incapacité à s'approvisionner en nourriture) ou **psychique** (altération des fonctions cognitives) touche aussi bien la recherche, la sélection et la préparation des aliments

- **Un syndrome dépressif** cause directement une anorexie et une perte d'intérêt pour tous les aliments ou certains d'entre eux

- **Toute pathologie,** mais surtout les maladies du tube digestif

- **La iatrogénie** peut agir de 2 façons :
  - Prise de **médicaments** en début de repas (perte d'appétit, agueusie, hyposialie)
  - Par la prescription de **régimes abusifs** et inutiles pour la plupart

- **L'institutionnalisation** est une situation à risque extrême. Elle concerne des sujets en perte d'autonomie et en dépendance avancée. De plus, la grabatisation, le peu d'exposition au soleil et l'impossibilité de sélectionner sa nourriture exposent à de graves carences (voir chapitre *Troubles nutritionnels du sujet âgé*).

MEDICAMENTS ET NUTRITION CHEZ LE SUJET AGE

– ADAPTER LA POSOLOGIE DES MEDICAMENTS +++
– IPP : achlorhydrie et ses conséquences
– ANTIBIOTIQUES : vomissements, diarrhées, agueusie
– DIURETIQUES : déshydratation, dyskaliémie
– IEC : agueusie
– QUESTRAN® : malabsorption de vit. A, D, E, K, colopathie fonctionnelle, constipation
– ANTIDEPRESSEURS IRS : diminuent l'appétit
– ANTICHOLINERGIQUES : sécheresse de la bouche, troubles digestifs

III. LA DIETETIQUE : LES BESOINS EN DIFFERENTS NUTRIMENTS

3 AXES PRIORITAIRES CHEZ LE SUJET AGE

1. **APPORTS EN ENERGIE (prévention de la dénutrition)**
2. **APPORTS EN PROTEINES (prévention de la sarcopénie)**
3. **APPORTS EN CALCIUM ET VITAMINE D (prévention des pathologies osseuses)**

A. BESOINS EN ENERGIE

- Les dépenses énergétiques sont également modifiées lors du vieillissement :
    - La DER diminue, du fait de la diminution de la masse maigre (mais la DER rapportée à la masse maigre reste sensiblement la même que chez le sujet jeune)
    - La thermogenèse est inchangée
    - La DEP (physique), liée à l'activité, est l'élément déterminant. Notez que, pour le même exercice, cette DEP augmente avec l'âge
- Donc, chez le sujet âgé, il importe moins d'équilibrer entrées et sorties que **d'assurer une couverture minimale en calories.** On recommande donc, pour les sujets de 60 à 80 ans (pas de recommandations précises au-delà de 80 ans) :
    - **Un apport minimal de 1.500 kcal/jour**
    - **Un apport idéal de 35 kcal/kg/jour**

B. BESOINS EN GLUCIDES

- Le métabolisme glucidique tend vers une diminution de la tolérance au glucose chez le sujet âgé. Toutefois, chez un sujet non diabétique, il pourrait être **plus délétère qu'autre chose** de limiter les apports en sucres simples d'index glycémique élevé (surtout si l'individu en est friand et qu'ils assurent un apport calorique non négligeable)
- Sinon, les remarques sont les mêmes que pour la population générale. Cependant, il faut bien peser le rapport bénéfice/risque de toute modification profonde des habitudes alimentaires (pas seulement pour les glucides, d'ailleurs…)
- On recommande donc une prise de glucides de **50-55% de l'apport calorique total**

C. BESOINS EN LIPIDES

- Le métabolisme lipidique se modifie sensiblement chez la personne âgée. Cependant, en pratique, les apports recommandés restent ceux de la population générale :
  - **30-35% de l'apport calorique total**
  - **5-10% d'AGS, 10-15% d'AGMI, 5-10% d'AGPI**
  - **Au moins 10 g/jour d'AG essentiels (linoléiques et linoléniques)** soit 1 cuillère à soupe quotidienne d'huile végétale
- Insistons sur un point : encore une fois, toute modification des habitudes alimentaires doit se discuter et entraîner un **bénéfice net** sur le plan de la santé
- En particulier, le régime hypocholestérolémiant n'entraînant pas un bénéfice net après 80 ans, il ne se justifie, devant une dyslipidémie, que **s'il a été débuté (et bien suivi) avant 75 ans, s'il est bien toléré et qu'il existe un haut risque cardiovasculaire**

D. BESOINS EN PROTEINES

- Nous avons vu que la masse maigre diminuait avec l'âge et que ses 2 principaux rôles étaient non seulement d'assurer la fonction locomotrice, mais également de servir de réserve nutritionnelle de secours
- Afin de prévenir la sarcopénie et ses conséquences, les apports en protides doivent être rigoureusement appliqués chez le sujet âgé
- On recommande donc :
  - **15-20% de l'apport calorique total**
  - **1,2 g/kg/jour** (1,5 fois plus que le sujet jeune)
  - **60% sous forme de protéines animales** (mieux assimilables, AA essentiels)

E. BESOINS EN CALCIUM ET VITAMINE D

- Rappelons que le respect des ANC en calcium et vitamine D chez l'adulte concerne avant tout la prévention de **l'ostéoporose** et, donc, de l'intégrité de l'appareil locomoteur, du handicap et, donc, de l'autonomie
- En ce qui concerne la vitamine D :
  - La modification des apports alimentaires entraîne généralement une baisse des apports en vitamine D
  - L'exposition diminuée au soleil (confinement au domicile, institution) et la diminution de la synthèse cutanée diminuent la production endogène

- En ce qui concerne le calcium :
  - La modification des apports alimentaires entraîne généralement une baisse des apports calciques
  - L'absorption intestinale active par la vitamine D et par les œstrogènes est diminuée au profit de l'absorption passive dépendant de l'apport calcique
- On recommande donc :
  - **Un apport en calcium de 1.200 mg/jour (25% de plus que l'adulte)**
  - **Un apport en vitamine D de 10 µg/jour (2 fois l'ANC de l'adulte) soit 800 ui/jour si absence d'exposition au soleil**
  - Solution simple pour la compliance en vitamine D : Uvedose 100.000 ui *per os* 4 fois par an, mais attention à l'intoxication par la vitamine D provoquant des hypercalcémies graves

- Bien entendu, vous n'oublierez pas de **rechercher et traiter les autres FdR d'ostéoporose**

F. BESOINS EN EAU ET ELECTROLYTES

- Les besoins en eau et électrolytes sont en fait **ceux de la population générale adulte.** Cependant, il existe des situations pouvant aboutir à des états pathologiques

- **La sensation de soif est diminuée** et/ou le sujet **ne peut pas l'exprimer** et/ou **ne peut la satisfaire** (perte d'autonomie). Cela peut aboutir à des déshydratations graves avec hypernatrémie ou globales. Pour mémoire, c'est l'un des principaux facteurs étiologiques de la décompensation du diabète en coma hyperosmolaire

- **Le régime sans sel strict** n'est pas justifié. Même l'insuffisant cardiaque doit recevoir un apport sodé minimal pour maintenir sa volémie

- La prise fréquente de **diurétiques** expose à des accidents tels que l'hyponatrémie et l'hypokaliémie

- **La fièvre doit faire augmenter les apports hydriques** à raison de 0,5 L d'eau par degré de température

G. AUTRES NUTRIMENTS : en dehors des situations pathologiques, les ANC pour la personne âgée sont ceux de la population générale adulte plus jeune

Partie 2
TROUBLES NUTRITIONNELS DU SUJET AGE

LES OBJECTIFS DU CNCI :

- Connaître les spécificités des troubles nutritionnels du sujet âgé.

Ce chapitre, qui s'inscrit dans la suite logique de 'dénutrition' et des 'besoins nutritionnels chez le sujet âgé', est important car les hospitalisations concernent de plus en plus souvent des sujets âgés souffrant de troubles nutritionnels. Or, ces derniers jouent un rôle majeur dans l'aggravation du pronostic. Mais il ne suffit pas de leur donner à manger : il faut agir sur les facteurs susceptibles d'influencer l'état nutritionnel. Ces facteurs sont rappelés dans le tableau ci-dessous.

POUR RESUMER

*LE SUJET AGE :

× MODIFICATION DE LA COMPOSITION CORPORELLE : ↑ masse grasse + ↓ masse maigre (muscles et os) = ↓ réserve nutritive de secours + ↓ capacités physiques

× ALTERATION DES FONCTIONS DIGESTIVES : buccodentaire (insuffisance masticatoire), achlorhydrie, malabsorption, troubles du transit

× ALTERATION DES FONCTIONS SENSORIELLES : goût et odorat

*MODIFICATION DU COMPORTEMENT ALIMENTAIRE :

× MODIFICATIONS PHYSIOLOGIQUES

× FAIBLE NIVEAU SOCIO-ECONOMIQUE

× ISOLEMENT

× PERTE D'AUTONOMIE/DEPENDANCE/INSTITUTIONNALISATION

× SYNDROME DEPRESSIF

× PATHOLOGIES SOMATIQUES ET IATROGENIE

*DIETETIQUE :

× 3 AXES PRIORITAIRES : **ENERGIE, PROTEINES, CALCIUM-VIT. D**

× ENERGIE (prévention de la dénutrition) : 1.500 kcal/jour (35 kcal/kg/jour)

× PROTEINES (prévention de la sarcopénie) : 1,2 g/kg/jour (15-20% de l'ACT)

× CALCIUM (prévention de l'ostéopénie) : 1.200 mg/jour

× VITAMINE D (prévention de l'ostéopénie) : 800 ui/jour

× RESTE = POPULATION GENERALE

× ATTENTION AUX APPORTS HYDRIQUES +++

I. EPIDEMIOLOGIE ET DIAGNOSTIC

- **Epidémiologie :**
  - La prévalence de la dénutrition du sujet âgé à domicile est évaluée à **3-4%**
  - A l'hôpital ou en institution, le chiffre avoisine **50% (si, si !!)**
- **Diagnostic :**
  - En préambule, rappelons la règle du glissement en Gériatrie :
    - Les modifications physiologiques, conséquences directes ou indirectes du vieillissement, fragilisent le sujet
    - Des pathologies chroniques, dont les insuffisances d'organes, fréquentes et multiples à cet âge, aggravent cette fragilité
    - Tout facteur aigu peut causer une décompensation de tous ces facteurs
  - En ce qui concerne la dénutrition du sujet âgé, le même schéma peut s'appliquer. Néanmoins, cela aura une influence sur la conduite à tenir plus que sur l'évaluation
  - L'évaluation de l'état nutritionnel, les causes, les mécanismes, les complications et les principes de traitement sont ceux décrits dans le précédent chapitre... à quelques particularités près
  - On utilise, chez la personne âgée, le **MNA (Mini Nutritional Assessment) :**
    - 1ère partie de **dépistage** : appétit, poids, IMC, autonomie physique et intellectuelle
    - 2ème partie d'**évaluation** (remplie si dépistage oriente vers malnutrition) : rejoint l'évaluation de l'état nutritionnel étudiée dans le chapitre précédent

> **L'évaluation nutritionnelle chez le sujet âgé est strictement la même que chez tout sujet et il ne faut pas banaliser des signes de dénutrition sous prétexte qu'ils seraient « normaux chez le vieux ». Non, ils ne sont pas banals, mais malheureusement fréquents !!!**

II. PRISE EN CHARGE

A. PREVENTION DE BASE

- C'est l'ensemble des « petits » moyens qui donnent d'ailleurs, au long cours, de « grands » résultats et ils devraient être appliqués :
  - Au minimum aux patients présentant des troubles nutritionnels, en plus de l'assistance nutritionnelle et du traitement étiologique
  - Au mieux, soyons optimistes, **à toutes les personnes âgées**
- Moyens agissant sur les modifications physiologiques :
  - **Hygiène buccodentaire :**
    - Brossage régulier des dents et soins dentaires au moins annuels
    - Traitement d'une éventuelle candidose (bains de bouche bicarbonate/Fungizone® + Fungizone® *per os)*
  - **Fonction digestive :**
    - Alimentation digeste et assimilable
    - Prévention du fécalome : activité physique + laxatifs doux + aliments non constipants
    - Traitement des pathologies digestives

- Moyens agissant sur le comportement alimentaire :
  - Aides financières et sociales
  - Présence au domicile : IDE – AS – aide-ménagères
  - Portage des repas à domicile si perte d'autonomie
  - Traitement d'un éventuel syndrome dépressif
  - **Ne garder que les médicaments réellement utiles, mais ne pas les priver, en revanche, de traitements bénéfiques (IEC)**
- Moyens agissant sur la diététique elle-même :
  - **Respect des apports initiaux et des habitudes alimentaires** (partir de l'alimentation spontanée)
  - **Augmenter la fréquence des prises alimentaires dans la journée** (même en petite quantité) en évitant un jeûne nocturne trop long (plus de 12 heures)
  - **Proscrire les régimes inutiles en terme de bénéfice au long cours :** par conséquent, faire redécouvrir les différents aliments
  - **Privilégier les aliments à haute teneur protéique et énergétique**
  - **Enrichir l'alimentation** par des produits de compléments à haute densité calorique et protéique (huile, beurre, crème fraîche, œufs, poudres de protéines...)
  - **Utilisation des compléments alimentaires** adaptés aux goûts du patient, à distance des repas (collations)

B. EN CAS DE PATHOLOGIE AIGUE OU CHRONIQUE SEVERE

- Les principes de traitement sont alors :
  - Ceux de toute dénutrition (voir paragraphe correspondant)
  - La poursuite de la 'prévention de base' étudiée ci-dessus
  - Et une adaptation à la situation
- **Nutrition et fin de vie :**
  - **Assurer le confort et le plaisir du malade :** se concentrer sur les symptômes pouvant altérer l'appétit ou le plaisir (nausées, glossites, douleurs, xérostomie)
  - **L'initiation d'une nutrition artificielle n'est pas recommandée (HAS, 2004)**
- **Nutrition et états démentiels (en cas de perte de poids) :**
  - Nutrition orale puis artificielle dans les formes modérées
  - **Contre-indication à la nutrition artificielle dans les formes sévères** (risque de complications)
- **Nutrition et troubles de déglutition :**
  - Poursuivre apports oraux si risque d'inhalation faible
  - Nutrition artificielle : préférer la **gastrostomie**

VG, la référence !

KB MEDECINE

ENDOCRINOLOGIE NUTRITION

Patricia FISCHER-GHANASSIA
Edouard GHANASSIA

+ DE L'OUVRAGE

- Objectifs de l'ECN
- Dernières conférences de consensus HAS et ESC
- Nombreuses photos couleurs, arbres diagnostiques et thérapeutiques intégrés au texte
- Icônes signalant les questions déjà tombées à l'ECN
- Mini-clés au début de chaque item
- Fiches de synthèse et réflexes ECN

ECN iECN2016

Thyroïde (longitudinal)

Nodule thyroïdien   Nodule (doppler)

KB

EXPLORATION MORPHOLOGIQUE DE LA THYROIDE

Chapitre 2

I. LA SCINTIGRAPHIE THYROIDIENNE

- La scintigraphie thyroïdienne visualise les radio-isotopes (Iode 123 ou Tc99) concentrés dans la glande. Elle permet l'obtention d'une image fonctionnelle de la thyroïde. En pratique, à votre niveau, retenez que la scintigraphie n'est aujourd'hui indiquée que dans les **hyperthyroïdies** et la **surveillance des cancers thyroïdiens épithéliaux**.
- **Contre-indications (à éliminer) :**
  - Grossesse : en l'absence de contraception, la scintigraphie doit être pratiquée en 1ère partie de cycle.
  - Allaitement
  - L'allergie à l'iode n'est pas une contre-indication absolue.
- **Résultats** : on parle toujours en termes de **fixation**
  - **Hyperfixation :**
    - Globale : toute la glande est en hyperfonctionnement
    - Localisée : on parle alors de **nodule chaud** (attention, si on vous demande de décrire une scintigraphie : « nodule chaud » est le terme de **sémiologie** et « adénome toxique » est le **diagnostic**).
  - **Hypofixation :**
    - Globale : on parle alors de **scintigraphie blanche**. L'iode radioactif ne peut être visualisé par le gamma-caméra soit parce que la thyroïde est déjà saturée en iode non radioactif (et il n'y a plus de place pour l'isotope), soit parce que les cellules sont altérées et ne captent plus d'iode du tout. Nous en reverrons les causes.
    - Localisée : on parle alors de **nodules froids**. Autrefois, un nodule froid devait faire rechercher un cancer, mais nous verrons plus loin que la scintigraphie **n'a plus d'indication dans l'exploration d'un nodule sans dysfonctionnement thyroïdien**

Scintigraphie thyroïdienne normale   Nodule froid   Scintigraphie blanche
(Du rouge au jaune = du moins fixant au plus fixant)

23

KB

HYPOTHYROIDIE

UE N°8
Item 241

Chapitre 4

LES OBJECTIFS DU CNCI :
- *Diagnostiquer une hypothyroïdie chez le nouveau-né, l'enfant et l'adulte.*
- *Argumenter l'attitude thérapeutique et planifier le suivi du patient.*

On appelle hypothyroïdie l'ensemble des manifestations liées à un déficit de sécrétion des hormones thyroïdiennes, quelle qu'en soit l'origine.

Il s'agit d'une affection **fréquente** puisqu'elle concerne près de 10% de la population occidentale, en majorité les femmes puisque le sex-ratio est de l'ordre de f/h = 10.

De plus, si l'on prend le cas particulier des zones de grande **carence en iode** et d'**endémie goitreuse**, elle devient un véritable problème de santé publique. En effet :
- D'une part, la symptomatologie étant fréquemment peu bruyante, l'hypothyroïdie est souvent diagnostiquée tardivement.
- D'autre part, si la maladie est aisément curable chez l'adulte, il en va tout autrement chez l'enfant où elle entraîne des dégâts irréversibles, notamment sur le plan cérébral.

La démarche consistera, tout comme pour l'hyperthyroïdie à évoquer le diagnostic, mais cette fois-ci, devant de rares clinques, le tableau classique d'insuffisance thyroïdienne étant rarement complet. Il faudra ensuite rechercher l'étiologie, les complications et maladie associées avant d'entreprendre un traitement qui sera la plupart des cas à vie.

I. PHYSIOPATHOLOGIE (voir pré-requis)

II. LE SYNDROME D'INSUFFISANCE THYROIDIENNE

- Il existe 2 catégories de signes :
  1. Les signes en rapport avec l'**infiltration myxœdémateuse**
  2. Les signes en rapport avec l'**hypométabolisme**
- Les autres signes pouvant être retrouvés à l'examen clinique ne sont pas directement en rapport avec l'insuffisance thyroïdienne mais avec les différentes étiologies.

> Ces signes sont très rarement réunis : il faut avoir le dosage de TSH facile !!

53

- **Complications et leur traitement :**
  - **Cardiothyréose** : sujets âgés, cardiopathie sous-jacente, causes tumorales. **Faire un bilan cardio**
    - Traitement de l'hyperthyroïdie
    - TDR :
      → TSA, flutter auriculaire, FA : risque d'OAP, d'insuffisance cardiaque et de complications thrombo-emboliques (d'autant plus que le cœur est précaire)
      → Traitement : bêta-bloquants, anticoagulants systématiques, traitement sympto puis traitement radical (digitaliques peu efficaces)
    - Insuffisance coronarienne : traitement sympto puis traitement radical, traitement de la cardiopathie ischémique (qs. cardio)
    - Insuffisance cardiaque : bêta-bloquants si FEVG peu altérée, traitement IEC-diurétique (attention à l'hypokaliémie !!), traitement sympto puis traitement radical, traitement d'insuffisance cardiaque chronique si besoin (qs. cardio)
  - **Orbitopathie dysthyroïdienne** : penser à demander un examen ophtalmo et une TDM orbitaire :
    - Traitement de l'hyperthyroïdie – éviter hypothyroïdie
    - Arrêt du tabac
    - Non sévère : soins locaux (verres teintés, collyres, dormir tête surélevée) et selenium
    - Sévère : exophtalmie douloureuse et non réductible, signes inflammatoires sur l'exophtalmie (kératite, endophtalmie, fonte purulente) et signes neurologiques (paralysie, neuropathie optique). Traitement : corticothérapie par bolus IV, radiothérapie rétro-oculaire, chirurgie
    - Pas de traitement radical dans l'immédiat
  - **Crise aiguë thyrotoxique :**
    - Traitement radical sans obtention de l'euthyroïdie
    - Syndrome de thyrotoxicose poussé à l'extrême + cardiothyréose complète et sévère + syndrome confusionnel / coma.
    - Traitement en réa – urgence +++.
- **Traitements** : voir tableau pour indications
  - **Traitement symptomatique : immédiat et systématique :**
    - Bêta-bloquants type Avlocardyl® en l'absence de CI
    - Contraception efficace
    - Sédatifs et arrêt de travail
  - **Antithyroïdiens de synthèse :**
    - Néomercazole – PTU-Basdène®
    - Effets secondaires : **agranulocytose** +++ (rare mais grave), hypothyroïdie, hépatite, troubles digestifs, leuconeutropénie.
    - Surv efficacité : T4L/T3L tous les mois jusqu'à euthydroïe puis TSH, T4L/T3L tous les 3 mois
    - Surv tolérance : NFS (tous les 10 j) pdt 2 mois puis tous les 3 mois) + ordonnance de NFS à remettre au patient à faire pratiquer en urgence en cas de fièvre.
  - **Traitements radicaux : thyroïdectomie totale / IRA-thérapie**
    - Obtenir une euthyroïdie +++ par traitement médical au moins 3 mois.
    - Schématiquement : IRA-thérapie si CI à la chirurgie
    - Chir : risques locaux (qs) / IRA-T : risque hypothyroïdie + contraception nécessaire
    - Surveillance : TSH, T4L à 1 mois (chir), 2 mois et 3 mois (ATS) puis tous les 3 mois pendant 1 an puis TSH 1/an

AMBIANCE
1. BILAN CARDIAQUE COMPLET – LA THYROIDE TUE PAR LE CŒUR
2. TOUJOURS RECHERCHER UNE SURCHARGE IODEE
3. EUTHYROIDIE AVANT TOUT TT RADICAL PAR TT SYMPTO + 3 MOIS D'ATS
4. PRECAUTIONS AUTOUR DE L'AGRANULOCYTOSE.
5. ARRET DU TABAC DANS L'ORBITOPATHIE
6. PENSEZ A LA CONTRACEPTION

52

TROUBLES DES CONDUITES ALIMENTAIRES CHEZ L'ADOLESCENT ET L'ADULTE

Chapitre 11

LES OBJECTIFS DU CNCI :

- Diagnostiquer les troubles des conduites alimentaires chez l'adolescent et l'adulte.

- Argumenter l'attitude thérapeutique et planifier le suivi des troubles des conduites alimentaires.

- Connaître les principales anomalies métaboliques associées à ces désordres et leur prise en charge en aigu.

I. LES TCA : MISE EN PLACE

- 3 conditions sont à remplir pour parler de TCA :
    - **RUPTURE SIGNIFICATIVE** avec les habitudes alimentaires des individus vivant dans le même environnement socioculturel et nutritionnel
    - **CONSEQUENCES NEFASTES** aussi bien sur le plan physique (obésité, dénutrition, carence) que sur le plan psychologique (dépression, sentiment d'anormalité ou d'exclusion)
    - **EXISTENCE D'UN (OU PLUSIEURS) FACTEUR(S) ETIOLOGIQUE(S) :** souffrance psychologique ou lésion organique du système de régulation de la prise alimentaire

SYMPTOMES DES DESORDRES ALIMENTAIRES

- **HYPERPHAGIE : Prandiale, Grignotages, Compulsions, Accès boulimiques**
- **HYPOPHAGIE :**
    - **Anorexie**
    - **Sélection alimentaire**
- **DYSPHAGIE**
- **RESTRICTION COGNITIVE**
- **SURINVESTISSEMENT DANS L'ALIMENTATION**
- **MACHONNEMENTS**
- **REGURGITATION (MERYCISME)**

II. POUR COMPRENDRE : QUELQUES ELEMENTS (SIMPLIFIES) DE PATHOGENIE (HORS PROGRAMME)

*Tout comme le chapitre sur le comportement alimentaire normal, ce paragraphe, relativement **long**, ne doit pas être appris par cœur **et peut même être sauté** pour aborder directement le diagnostic et la prise en charge des TCA. Seulement, si vous le lisez (et il a été rédigé dans le but de tout décrire d'une manière logique) et que vous comprenez comment naît un TCA et chez qui, il se peut que vous passiez moins de temps à apprendre et réviser les TCA sans les comprendre... à vous de voir.*

A. GENERALITES

- Au carrefour de nombreuses pratiques médicales (et non médicales, d'ailleurs), les TCA sont d'origine multifactorielle
- 4 catégories de facteurs entrent en jeu, répondant au modèle bio-PSYCHOSOCIAl. Il s'agit de la conjonction et des interactions de facteurs endogènes (génétiques), psychologiques (acquis) et d'environnement (sociaux et familiaux) :
  - **Biologiques et génétiques**
  - **Psychologiques individuels**
  - **Socioculturels**
  - **Familiaux**
- Pour être simple, on pourrait dire que les TCA de l'adolescence sont le fruit d'une **« rencontre conflictuelle » entre un rapport particulier au corps et à l'alimentation et un rapport particulier à l'environnement (familial puis socioculturel)**
- Les TCA seraient la seule réponse possible à ce conflit qui, stable pendant l'enfance, se retrouve exacerbé par les événements externes et internes propres à l'adolescence. **Il s'agit donc d'une déficience dans le processus de maîtrise interne**
- A ces données, que nous allons développer pour les éclaircir, s'ajoute, une fois les TCA installés, un **renforcement** du comportement pathologique qui s'apparente à une conduite **addictive (toxicomanie +++)**

B. DIFFERENTS DOMAINES DE FACTEURS ETIO-PATHOGENIQUES

- Avant de les étudier en détail, il faut bien distinguer les 3 phases :
  - Une première **dans l'enfance** où se mettent en place les différents facteurs qui vont concourir à la survenue du TCA, mais qui coexisteront dans un équilibre relatif
  - Une seconde, durant **l'adolescence,** où les événements propres à cette période vont **tout déséquilibrer**
  - Une troisième, enfin, où le TCA va s'**auto-renforcer,** ce qui en fait, répétons-le, une véritable **conduite addictive (toxicomanie !!)**

1. Biologiques et génétiques

- Il a été mis en évidence un caractère héréditaire, mais qui semble jouer un rôle négligeable dans l'installation du trouble
- En revanche, les phénomènes biologiques interviennent surtout dans **le renforcement** du trouble, créant une **dépendance** pouvant s'apparenter à **une toxicomanie.** Ces phénomènes biologiques résulteraient essentiellement des conséquences de la dénutrition

2. Psychologie individuelle

TRAITS RETROUVES CHEZ DES PATIENTES SOUFFRANT DE TCA
• <u>Mésestime de soi</u> - manque de confiance en soi - pas de capacité à s'abandonner
• <u>Perte du sentiment d'identité - besoin de l'approbation de l'entourage</u> (de « l'autre ») - attribution causale externe (impression de ne pouvoir influencer le cours de sa vie par ses actions et que tout vient de l'extérieur)
• <u>Perfectionnisme</u> - Maîtrise - Besoin de contrôle permanent
• <u>Relation de dépendance</u>/de fusion avec entourage
• <u>Régulation de plaisirs/désirs jugés dangereux et destructeurs</u>

3. Socioculturel

- **Apparence et contrôle** : notre société occidentale de la fin de ce siècle **valorise l'apparence** et sacralise **la notion de pouvoir, de maîtrise, de contrôle.** C'est, en particulier, pour diverses raisons, **le corps de femme extrêmement mince** qui est donné comme modèle. Il n'en faut pas plus pour poser l'équation : **être mince = maîtriser son poids = minceur + maîtrise = acceptation double par la société**

- **Classes sociales aisées** : on retrouve principalement ces caractéristiques dans **les classes sociales aisées.** Doivent-elles se montrer minces à ce point pour prouver qu'elles appartiennent à la classe qui a la maîtrise, le contrôle des choses ? Rien n'est clairement établi à ce jour

- **Ethnie caucasienne** : les TCA se retrouvent encore majoritairement chez **les sujets caucasiens,** mais depuis l'occidentalisation du mode de vie de nombreux pays, il s'agit davantage d'un biais. Toutefois, en pratique, l'anorexique reste majoritairement caucasienne (mais ne l'excluez pas chez une nord-africaine !!)

- **Rapport aux adolescents** : notre société « coince » les adolescents entre **une dépendance aux parents** (financière, études longues) et des perspectives d'avenir sombres. Pour les adolescents d'aujourd'hui, il est dur de se faire une place dans une société qui, encore une fois, valorise **la réussite sociale, la maîtrise, l'élitisme** et **l'apparence** comme facteurs principaux d'épanouissement personnel

- **Rapport aux femmes** : notre société donne, aujourd'hui, un double rôle paradoxal aux femmes en leur imposant autonomie et indépendance sans renoncer au rôle traditionnel de sacrifice (pourvoir aux besoins des autres aux dépens des leurs). Il leur faut donc prendre sur elles tout en réussissant. De plus, le corps féminin est médiatisé à outrance et, donc, livré au jugement collectif qui a pour référence **minceur = réussite**

- **Rapport au corps** : notre société de l'image magnifie l'aspect physique et a rendu celui-ci marqueur de valeur personnelle. Le corps devient le témoin de la maîtrise de soi, de l'efficacité, de la compétence personnelle. Ainsi, la minceur s'est imposée comme l'idéal féminin dominant

- **Rapport à la nourriture** : notre société se caractérise par une **suralimentation** et une disponibilité dépassant largement les besoins nutritionnels de chacun. Or, l'idéal étant, rappelons-le, à la maîtrise de soi, toute preuve de résistance à cet accès facile est valorisé (perte de poids = preuve indirecte de refus d'accès à la nourriture)

4. La famille !!

- Les facteurs familiaux sont de 2 types : personnalité des parents et fonctionnement familial
- Un message essentiel : **ne pas culpabiliser les parents +++**
- On retrouve souvent **alcoolisme**, **dépression, préoccupations autour de la nourriture et du poids** chez les parents d'enfants souffrant de TCA
- Le système de fonctionnement essentiellement retrouvé est celui d'une **éducation normative,** privilégiant des principes rigides aux aspirations de chacun
- Le message essentiel est de ne pas penser qu'il existe des familles « typiques » d'anorexiques ou de boulimiques, mais que le fonctionnement global et la personnalité de chacun des parents peut influencer :
  - **Le rapport à l'alimentation** (voir plus haut) selon les rapports parents-enfants durant la petite enfance
  - **La personnalité** et, en particulier, les 6 points décrits dans le tableau ci-dessus. Ce sont principalement les interactions avec la famille ou l'entourage affectif proche qui aident à forger la confiance en soi et le sentiment d'identité

C. NAISSANCE DU TCA

- Nous venons de passer en revue les 4 grandes catégories de facteurs favorisants. Il est temps maintenant, afin de faire le lien vers la pathologie, de décrire la séquence qui va mener à l'apparition d'un TCA
- Tout va donc se dérouler en 3 phases, nous l'avons dit : l'enfance, l'adolescence, l'auto-entretien du TCA

1. Dans l'enfance : tout s'installe insidieusement

- A partir de 4-6 ans, et jusqu'à l'adolescence, voici un enfant (le plus souvent une petite fille) dont les expériences personnelles et les interactions avec l'entourage (donc, essentiellement la **famille)** auront forgé **sa personnalité** dont les traits sont le plus souvent ceux développés dans le tableau situé plus haut :
    - Elle n'a pas confiance en elle et a une mauvaise image d'elle-même
    - Son sentiment d'identité est perturbé. Sa vie est basée sur les réactions de son environnement : elle a besoin de l'approbation de son entourage et ne vit qu'à travers le regard et l'approbation **des autres.** Il existe donc une **dépendance** voire **une fusion** avec l'entourage
    - Pour se rassurer, elle a donc besoin de **tout contrôler et de tout maîtriser** en permanence, en particulier ses désirs et aspirations propres, qu'elle juge de toute façon dangereux
- Or, son environnement va changer : elle qui n'interagissait qu'avec sa famille et son entourage familial proche va entrer en collectivité et apprendre **le contact avec la société à travers l'école.** Or, celle-ci, par les règles qu'elle va édicter (le système scolaire privilégie le résultat), va lui permettre de **construire un équilibre** entre cet environnement et sa personnalité. En effet, **si elle devient une petite fille modèle, obéissante, faisant la fierté de ses parents, réussissant bien à l'école :**
    - En s'investissant à fond dans les exigences de ses parents et le travail scolaire (danger d'une **éducation normative +++),** elle chasse ses aspirations propres et ses désirs. Ces exigences sont simples, carrées, et lui permettent de se livrer à une maîtrise et un contrôle permanent de ses activités
    - Du coup, son environnement immédiat (parents, professeurs) la félicite et l'approuve : elle qui n'existe qu'à travers leurs regards se sent rassurée et acquiert par ce biais son identité, sa confiance en soi, son estime de soi et sa sécurité intérieure
    - Cependant, tout cela exige qu'elle garde toujours une extrême vigilance à l'égard de tous ces paramètres. Encore une fois, pas de souci : cette façon de faire la rassure et l'équilibre

---

DONC, A CE STADE, NOUS AVONS UNE ENFANT MODELE, N'EXISTANT QUE POUR LES AUTRES, EN QUETE DE RECONNAISSANCE ET DE VALORISATION CELA LUI PERMETTANT DE TROUVER SON EQUILIBRE... ET AINSI SE PASSE UNE ENFANCE SANS HISTOIRE... MAIS VOICI QUE SURVIENT, VIOLENTE ET IMPREVUE... L'ADOLESCENCE.

---

2. L'adolescence : tout explose

- Cet équilibre apparent a pu fonctionner jusqu'ici ? Mais voici que survient l'adolescence où de nouveaux éléments vont entrer en jeu
- Du point de vue individuel, surviennent :
    - **La puberté et la maturation sexuelle**
    - **Le besoin de liberté et d'autonomie**
    - Plus accessoirement, certaines phobies alimentaires classiques : viande, produits laitiers

- N'oublions pas que l'enfant possède toujours les mêmes traits de personnalité qui n'ont pas donné lieu à de nouveaux conflits, internes ou externes, du fait des stratégies développées durant l'enfance

- De nouvelles tensions vont alors se créer en elle : ces nouveaux désirs et appétits (de sensations, pas seulement sexuelles, de liberté) vont s'opposer violemment à ce besoin de maîtrise, de dépendance, d'approbation des autres

> **EN BREF, LA PETITE FILLE MODELE DEVENUE ADOLESCENTE NE PEUT CONTENIR SES DESIRS ET ASPIRATIONS PLUS LONGTEMPS, mais ELLE AIMERAIT CONSERVER CET EQUILIBRE INSTALLE DANS L'ENFANCE. SEULEMENT LES ANCIENNES STRATEGIES NE FONCTIONNENT PLUS !!**

- Il lui faut alors trouver une nouvelle stratégie. Suivez bien ce qui se passe à partir de maintenant car tout se met en place pour durer

- **Les émotions et les cognitions erronées prennent le pas sur les sensations alimentaires : elle restreint son alimentation : c'est l'anorexie !!** Mais pourquoi résout-elle les conflits et comment, malgré la dégradation de l'état de santé qu'elle induit, va-t-elle perdurer ?

- En se restreignant ainsi, elle va **retrouver un équilibre avec sa personnalité** qui passe par **l'approbation par la société +++**

- **L'approbation par la société :** dans cette société de suralimentation et d'image, qui valorise **l'apparence** et **la maîtrise, le contrôle** de soi, elle a tout à gagner à restreindre son alimentation et à devenir mince. **L'image de son corps devient le symbole de sa réussite**

- **L'équilibre :**
  - L'anorexie est une lutte contre les désirs. Elle peut donc de nouveau les éloigner d'elle tout en nourrissant ce besoin de maîtrise et de contrôle sur soi (en particulier des entrées et sorties)
  - Cette maîtrise et le sentiment d'approbation par la société lui redonnent un sentiment d'identité, une estime de soi, de la confiance en soi
  - Elle crée un lien de dépendance tout en fusionnant avec un entourage qui s'inquiète pour elle et règle ses conflits sur le terrain de la nourriture (qui ? parfois, a été surinvestie dans l'enfance ou a donné lieu à des remarques sur la quantité, le poids de l'enfant ou son corps). Elle projette de cette manière sur son entourage ses propres angoisses de transformation de son corps.

3. Une fois le TCA installé, il s'auto-entretient

- On pourrait croire que la dégradation de l'état de santé pousserait cette jeune fille à reprendre son alimentation. Seulement, les modifications biologiques et cognitivo-comportementales vont être un facteur de pérennisation du trouble

- Ainsi :
  - La lutte contre la faim produit un sentiment de plaisir immédiat (une production d'endorphine a pu être mise en évidence dans leur LCR)
  - L'hyperfonctionnement de l'axe corticotrope donne, entre autres, une hyperactivité qui renforce leur sentiment de maîtrise
  - Pour ces perfectionnistes, **leur corps, symbole de réussite, ne sera jamais assez mince, donc sera toujours trop gros** (il existe un trouble du schéma corporel avec **dysmorphophobie** qui est un puissant renforçateur du comportement de restriction)

- De cet auto-entretien découle, bien sûr, la survenue d'une **dénutrition par carence d'apport (QS)** associée à d'éventuelles **complications des comportements de purges (voir plus bas)**

EN BREF, CET HYPER-INVESTISSEMENT ET CE PLAISIR A SE DEPASSER ET SE MAITRISER PRENNENT LA FORME D'UNE VERITABLE CONDUITE ADDICTIVE : IL FAUT CONSIDERER LES TCA COMME UNE VERITABLE TOXICOMANIE.

III. PRESENTATION DES TCA

- On peut les présenter en 2 catégories : TCA à prédominance **restrictive** et TCA à prédominance **boulimique**
- **TCA à prédominance restrictive :**
    - L'**anorexie mentale** (forme extrême de restriction) : mène à la dénutrition
    - La restriction cognitive (voir chapitre Obésité)
- **TCA à prédominance boulimique :**
    - La **boulimie nerveuse** (forme avec compensations purgatives)
    - La frénésie alimentaire (Binge-eating disorder : pas de compensation) : mène à l'obésité

D'une certaine manière, on peut considérer les boulimiques comme étant des anorexiques qui échouent dans leur maîtrise et les binge-eating comme des boulimiques qui ne se purgent pas. Il est d'ailleurs courant d'observer des formes de transition d'un TCA à un autre +++.

L'ANOREXIE MENTALE

I. DIAGNOSTIC

A. EPIDEMIOLOGIE

- **Prédominance féminine :** 9 femmes/1 homme
- **Prévalence en augmentation :** 0,5-1% des adolescentes
- **Age : 12-20 ans** (pic à 13 et 17 ans)
- **Caucasienne – Classe socio-économique aisée**

B. TERRAIN

- Personnalité :
    - **Mésestime de soi +++**
    - **Perfectionnisme et maîtrise +++**
    - Perte du sentiment d'identité, attribution causale externe
    - Dépendance à l'entourage et à l'approbation des autres
- Famille :
    - Antécédents familiaux : dépression, alcoolisme, TCA, obésité (davantage dans la boulimie)
    - Education normative/enfant modèle
    - Préoccupations familiales autour de la nourriture
- Social : activité avec pression sur poids et apparence (gymnastique, danse, mannequinat)

C. TABLEAU CLINIQUE

CRITERES DU DSM-4

1. REFUS DE MAINTENIR LE POIDS AU NIVEAU OU AU-DESSUS DU POIDS MINIMUM NORMAL POUR L'AGE OU LA TAILLE
2. PEUR INTENSE DE PRENDRE DU POIDS ALORS QUE LE POIDS EST INFERIEUR A LA NORMALE
3. ALTERATION DE LA PERCEPTION DU POIDS OU DE LA FORME DU CORPS
    ou INFLUENCE EXCESSIVE DU POIDS ET DU CORPS SUR L'ESTIME DE SOI
    ou DENI DE LA GRAVITE DE LA MAIGREUR ACTUELLE
4. AMENORRHEE

Selon la présence ou l'absence de vomissements ou de prise de laxatifs/diurétiques, on spécifie le type RESTRICTIF ou PURGATIF.

En pratique, l'anorexie mentale est représentée par la triade des 3 A : anorexie – amaigrissement – aménorrhée.

1. Tableau psychiatrique

- **Anorexie : 1er et maître symptôme +++ :**
  - Débute par un régime, généralement justifié par diverses raisons
  - Lutte contre la faim (cette lutte et la sensation de faim elle-même sont une source de plaisir et l'objet de la toxicomanie)
  - Sélection alimentaire +++ (à observer pendant les repas) : tri – grignotages de portions infimes – mâchonnements interminables – stockage dans la bouche – voire rejets discrets (serviette)
  - Parfois accompagnée de potomanie, de kleptomanie (surtout alimentaire) et de mérycisme, qui sont alors des signes de gravité.
- **Obsessions alimentaires/préoccupations incessantes autour de la nourriture :**
  - Pense à la nourriture toute la journée
  - Collectionne les recettes, s'intéresse à la nutrition et la diététique
  - Fait la cuisine, nourrit les autres sans se nourrir elle-même
  - Compte les calories, régente la nourriture de la famille
- **Obsessions pondérales et image corporelle :** voir plus bas avec l'amaigrissement
- **Troubles de la vie de relation :**
  - Dépendance excessive aux objets d'investissement
  - « Façade » de mépris et de suffisance pour affirmer la capacité d'indépendance
  - Instrumentalisation/manipulation des parents (relation de codépendance)
  - Isolement social à un stade plus tardif
  - Aucun investissement érogène, pas de vie sexuelle
- **Hyperactivité :**
  - Motrice : très active, sport, nombreuses activités (stade précédant l'isolement social)
  - Intellectuelle : généralement active, mais les résultats scolaires ne sont pas, comme il était dit classiquement, exceptionnels. L'énergie investie est énorme, en revanche
- **Signe négatif fondamental : aucun élément de la lignée psychotique n'est présent +++ et ce tableau ne peut donc s'inclure dans une psychopathologie plus large**

2. Tableau somatique

- **Amaigrissement :**
  - 25% du poids (atteignant parfois 50%)
  - Ignorance/déni (trouble du schéma corporel)
  - Refus catégorique et peur intense de reprendre ce poids
  - Désir de minceur congruent avec l'estime de soi
  - A un stade avancé, réalise le tableau du **marasme** (voir chapitre dénutrition) avec, en particulier, la perte adipeuse et musculaire (aspect cadavérique, perte des formes féminines) et l'hypogonadisme
- **Aménorrhée +++ :**
  - S'intègre dans un hypogonadisme attribué généralement à la restriction alimentaire (1er régulateur hypothalamique) et à la dénutrition (perte des adipocytes = diminution de l'aromatisation des androgènes en œstrogènes)
  - L'hyperactivité corticotrope pourrait jouer un rôle
  - Cependant, cela n'explique pas les nombreux cas où l'aménorrhée survient **avant** la restriction alimentaire et l'amaigrissement

– Il faut bien sûr éliminer les autres causes d'aménorrhée en commençant par **la grossesse +++**

– Cet hypogonadisme s'accompagne, du fait de l'hypo-œstrogénie, d'une fréquente **ostéopénie voire ostéoporose vraie +++**

3. Les signes des conduites de purge peuvent se surajouter

- **Vomissements :**
    - Hypertrophie des parotides, stomatite, parodontite, fragilité des dents, œsophagite
    - Perte de sel et d'eau (déshydratation extracellulaire +/- dysnatrémie)
    - Perte de Cl- et surtout d'H+ (cette perte d'H+ va être compensée par une réabsorption d'H+ en échange d'une excrétion de K+ au niveau du tubule rénal) → **d'où hypokaliémie +++**

- **Médicaments :**
    - **Diurétiques :** déshydratation extracellulaire (DEC)/dysnatrémie (thazidiques +++)/hypokaliémie/hypercalcémie (thazidiques) ou hypercalciurie et lithiases calciques (Lasilix®)
    - **Laxatifs :** DEC/dysnatrémie/hypokaliémie/acidose métabolique (perte de bases)/mélanose colique

---

L'hypokaliémie et les troubles du rythme cardiaque qui en résultent font toute la gravité des comportements de purge.

TCA ET HYPOKALIEMIE

1. **CARENCE D'APPORT**
2. **VOMISSEMENTS (*via* l'alcalose métabolique)**
3. **DIURETIQUES HYPOKALIEMIANTS**
4. **LAXATIFS**

D. DIAGNOSTICS DIFFERENTIELS

- **Psychiatriques :** syndrome dépressif sévère, psychoses (schizophrénie +++)
- **Autres causes de dénutrition**
- **Autres causes d'aménorrhée primaire ou secondaire**

E. COMPLICATIONS

- **Psychiatriques :**
    - Passage vers la boulimie, rechutes
    - Dépression et **suicide +++**
    - Autres addictions (alcool, drogue, médicaments)
    - TOC, phobies, trouble anxieux généralisé
    - Isolement social
- **Dénutrition :** surtout lorsque la carence protéique a commencé à s'installer (voir dénutrition). N'oublions pas **l'ostéoporose +++** par hypo-œstrogénie
- **Syndrome de purge :**
    - **Troubles hydro-électrolytiques** (dont la redoutée **hypokaliémie,** mais également les dysnatrémies et les collapsus) avec **risque de mort subite**
    - Pathologies stomatologiques (parotide, dents, parodonte) et digestives (œsophage)

F. EVOLUTION ET PRONOSTIC

- Schématiquement, il y a 3 évolutions possibles :
  - 1/3 des cas : guérison
  - 1/3 des cas : chronicisation
  - 1/3 des cas : évolution sévère
- Mortalité d'environ **7%,** principalement par **suicides** et **mort subite** (troubles ioniques + hypométabolisme)
- Il existe divers facteurs pronostiques. Voici les principaux :

FACTEURS PRONOSTIQUES DE L'ANOREXIE MENTALE
1. **SEXE (homme = défavorable)**
2. **POIDS A LA PRISE EN CHARGE (IMC < 13 = défavorable)**
3. **DUREE D'EVOLUTION AVANT PRISE EN CHARGE**
4. **NOMBRE ET DUREE D'HOSPITALISATIONS**
5. **COMORBIDITES PSYCHIATRIQUES**
6. **ATTITUDE FAMILIALE (conflits = défavorable)**
7. **PURGES/POTOMANIE/MERYCISME (défavorable)**

II. CONDUITE A TENIR EN PRATIQUE

1°) Il faut donc **suspecter l'anorexie mentale** devant le terrain et la triade symptomatique et rechercher les facteurs de personnalité et familiaux

2°) Il faut **évaluer l'état nutritionnel** (voir paragraphe correspondant) en pratiquant :
  - Une évaluation des apports
  - Un interrogatoire et un examen clinique à la recherche des signes de dénutrition (perte musculaire et lipidique, hypométabolisme, infections, carence protéique)
  - Des examens complémentaires complétant cette évaluation : NFS, ionogramme sanguin, glycémie, bilan thyroïdien, marqueurs protéiques (longtemps normaux dans le marasme), ECG, radio du thorax, impédancemétrie pour certains
  - Un bilan phosphocalcique et une ostéodensitométrie évaluent l'ostéopénie

3°) Il faut **éliminer** une autre cause d'anorexie/de dénutrition (voir chapitre dénutrition) par l'interrogatoire et l'examen clinique +/- examens complémentaires afin d'éliminer :
  - Une pathologie digestive : FOGD, coloscopie, ASP, échographie abdominale, bilan hépatique et pancréatique, recherche d'une malabsorption
  - Une infection/inflammation chronique : sérologie VIH, bilan inflammatoire
  - Recherche d'une pathologie maligne sous-jacente

Il faut également éliminer une autre cause **d'aménorrhée,** en particulier **la grossesse**

4°) Il faut rechercher **les facteurs de gravité** qui imposeront, ou non, l'hospitalisation, parfois en urgence :
  - Psychiatriques : présence d'un facteur de mauvais pronostic
  - Somatiques : IMC < 13, signes de carence protéique
  - Purge : hyponatrémie, hypokaliémie, insuffisance rénale fonctionnelle
  - Echec du traitement ambulatoire

III. TRAITEMENT

A. GENERALITES

- La prise en charge de l'anorexie mentale est longue et pluridisciplinaire. On peut dégager **4 objectifs** et **4 modalités thérapeutiques**

- **4 objectifs :**
  1. **Traitement de l'anorexie (rapport à la nourriture et au corps)**
  2. **Traitement de l'amaigrissement (prise en charge nutritionnelle) et des complications somatiques**
  3. **Traitement de la personnalité**
  4. **Traitement des dysfonctionnements familiaux**

- **4 modalités thérapeutiques :**
  1. **Prise en charge nutritionnelle et somatique**
  2. **Psychothérapie individuelle, de groupe, familiale**
  3. **Thérapies cognitivo-comportementales**
  4. **Chimiothérapie**

B. LA PRISE EN CHARGE

1. Nutritionnelle et somatique

- Parfois débutée lors d'une **hospitalisation en urgence**. Généralement, l'urgence est de 3 ordres et, bien entendu, son traitement est la priorité absolue :
  - Complication somatique de la dénutrition décompensée
  - Trouble hydro-électrolytique (hypokaliémie +++)
  - Tentative de suicide
- En dehors de l'urgence (cas le plus fréquent), l'hospitalisation débute avec l'établissement du **contrat de poids +++ :**
  - La patiente est séparée de son environnement (pas de courriers, de visites ou de téléphone)
  - Au fur et à mesure de la reprise de poids, ces autorisations lui sont réattribuées
  - Loin d'être une mesure punitive, ce contrat permet de construire une nouvelle relation et un schéma thérapeutique
- Une fois le bilan complet effectué, **la renutrition est débutée** selon les modalités décrites dans le chapitre dénutrition. La voie orale sera privilégiée, mais, parfois, le recours à la **nutrition entérale** se révèle indispensable
- Bien entendu, selon le bilan, **les complications somatiques** devront être traitées
- Après l'hospitalisation, **un suivi nutritionnel** devra être mis en place afin de fixer les modalités de la réalimentation en ambulatoire

2. Psychothérapies

- La psychothérapie **de soutien** est toujours indispensable. Pratiquée par le coordinateur des différents intervenants, elle permet de recentrer la patiente sur sa prise en charge et de dépister d'éventuelles comorbidités psychiatriques au fur et à mesure de l'évolution
- Les psychothérapies **de groupe** sont intéressantes dans la prise en charge des troubles de la personnalité
- Les psychothérapies **familiales** aideront aux traitements des dysfonctionnements familiaux et des relations avec la famille. Il est à noter que les parents, encore une fois, ne doivent pas être culpabilisés, mais **utilisés comme alliés thérapeutiques +++**
- Les psychothérapies **d'inspiration analytique** sont également utilisées

3. Thérapies cognitivo-comportementales (TCC)

- Elles visent à traiter les comportements à problème en modifiant les schémas cognitifs erronés
- Elles permettent ainsi de défaire les enchaînements de pensée pathologiques (voir paragraphe des facteurs étiologiques) au sujet de l'alimentation, de l'image du corps
- Indépendamment du trouble qu'elles traitent, ces thérapies renforcent **l'auto-efficacité** et **l'estime de soi** et participent ainsi, en partie, au traitement des personnalités pathologiques de ces patientes

4. Chimiothérapie

- Sur le plan somatique : des médicaments adaptés aux différentes complications devront être prescrits. Citons particulièrement, en prévention de l'hypokaliémie de purge, **les IPP (Mopral®)** : en diminuant l'acidité gastrique, ils diminuent les pertes d'H+ !!
- Sur le plan psychiatrique : les épisodes anxieux devront être traités par anxiolytiques et les dépressions associées par antidépresseurs. Attention : il faut parfois respecter un épisode dépressif modéré au début du traitement qui est une réaction « normale » face à la chute de la « carapace » et motive à la construction d'un nouveau schéma de pensée

5. Surveillance au long cours +++

LA BOULIMIE NERVEUSE

I. DIAGNOSTIC

A. EPIDEMIOLOGIE

- **Prédominance féminine moins nette :** 7 femmes/3 hommes
- **Prévalence en augmentation :** 1-3% des 16-35 ans
- **Age : 20-30 ans**
- **Caucasienne – Classe socio-économique aisée**

B. TERRAIN

- Personnalité :
  - **Mésestime de soi +++**
  - **Perfectionnisme et maîtrise +++**
  - Perte du sentiment d'identité, attribution causale externe
  - Dépendance à l'entourage et à l'approbation des autres
- Famille : grande influence dans la boulimie +++ :
  - **Antécédents familiaux : dépression, alcoolisme, TCA, obésité : davantage chez les boulimiques que chez les anorexiques**
  - Education normative/enfant modèle
  - **Préoccupations familiales autour de la nourriture et/ou de l'apparence**
  - **Pressions de la famille sur le poids et l'apparence**
- Social : pression sur poids et apparence (gymnastique, danse, mannequinat)
- Médical : **surpoids** dans l'enfance, **puberté précoce**

C. TABLEAU CLINIQUE

CRITERES DU DSM-4

1. <u>SURVENUE RECURRENTE DE CRISES DE BOULIMIE :</u>
   - Absorption, sur une période de temps limitée, d'une <u>quantité de nourriture largement supérieure</u> à ce que la plupart des gens absorberaient dans le même temps et les mêmes circonstances
   - Sentiment d'une <u>perte de contrôle</u> sur le comportement alimentaire pendant la crise
2. COMPORTEMENTS COMPENSATOIRES INAPPROPRIES ET RECURRENTS VISANT A PREVENIR LA PRISE DE POIDS (LAXATIFS, DIURETIQUES, JEUNE, EXERCICE PHYSIQUE, LAVEMENTS)
3. <u>SURVENUE DES CRISES ET DES COMPORTEMENTS COMPENSATOIRES AU MOINS 2 FOIS PAR SEMAINE PENDANT 3 MOIS</u>
4. <u>INFLUENCE EXCESSIVE SUR L'ESTIME DE SOI</u> DU POIDS ET/OU DE LA FORME CORPORELLE

1. Tableau psychiatrique

- **Crises boulimiques :** maître symptôme +++, décomposable en 3 temps :
  - **Prodromes :**
    - × Sensation d'angoisse, de vide, de solitude, de stress intense
    - × Apparition **brutale** d'un besoin **impérieux** de manger
    - × Une lutte anxieuse s'engage alors, mais, très vite, la patiente se résigne à **l'impossibilité de résister : compulsion**
  - **L'accès boulimique en lui-même :**
    - × Ingurgitation **frénétique** de durée variable d'une importante quantité de nourriture
    - × La patiente le fait **en cachette,** généralement **en fin de journée**
    - × Les aliments ont en général **une haute teneur calorique** et un caractère **bourratif**
    - × Le sentiment de **perte de contrôle** est constant
  - **La fin et l'après-crise :**
    - × Il existe un intense sentiment de **malaise** et une grande **culpabilité** avec **honte, dégoût de soi**
    - × Cet état s'accompagne physiquement de douleurs abdominales et d'une torpeur à la limite de la dépersonnalisation
    - × L'accès est le plus souvent suivi de **vomissements,** d'abord provoqués puis devenant automatiques
- **Stratégies de contrôle pondéral :** ce sont principalement les comportements de purge (voir Anorexie mentale) :
  - **Vomissements +++**
  - **Diurétiques et laxatifs +++**
  - Anorexigènes, hormones thyroïdiennes
  - Exercice physique intense
  - Jeûne prolongé
- **Obsessions alimentaires/préoccupations incessantes autour de la nourriture :**
  - Pense à la nourriture toute la journée, anticipe ses crises, parfois avec anxiété
  - Collectionne les recettes, s'intéresse à la nutrition et la diététique
  - Fait la cuisine, nourrit les autres sans se nourrir elle-même
  - Compte les calories, régente la nourriture de la famille
- **Obsessions pondérales et image corporelle :** comparables à l'anorexie mentale, mais moins marquées
- **Achats impulsifs :** stockage des aliments en vue de la prochaine crise, mais également « boulimie » d'achats
- **Isolement social :** de plus en plus marqué au fur et à mesure de la répétition des crises

2. Tableau somatique

- **Poids le plus souvent normal +++ :** dépend du bilan énergétique. Il existe des formes avec amaigrissement modéré, d'autres avec surcharge pondérale modérée, mais la plus fréquente est **normo-pondérale**
- **Spanioménorrhée** davantage qu'aménorrhée : moins fréquente. Surtout chez les sujets avec perte de poids

3. Les signes des conduites de purge sont habituels

- **Vomissements :**
  - Hypertrophie des parotides, stomatite, parodontite, fragilité des dents, œsophagite
  - Perte de sel et d'eau (déshydratation extracellulaire +/- dysnatrémie)
  - Perte de Cl- et surtout d'H+ (cette perte d'H+ va être compensée par une réabsorption d'H+ en échange d'une excrétion de K+ au niveau du tubule rénal) → **d'où hypokaliémie +++**

- **Médicaments :**
  - **Diurétiques :** déshydratation extracellulaire (DEC)/dysnatrémie/hypokaliémie/hypercalcémie (thazidiques) ou hypercalciurie et lithiases calciques (Lasilix®)
  - **Laxatifs :** DEC/dysnatrémie/hypokaliémie/acidose métabolique (perte de bases)/mélanose colique

> **L'hypokaliémie et les troubles du rythme cardiaque qui en résultent font toute la gravité des comportements de purge.**

TCA ET HYPOKALIEMIE

1. **CARENCE D'APPORT**
2. **VOMISSEMENTS (*via* l'alcalose métabolique)**
3. **DIURETIQUES HYPOKALIEMIANTS**
4. **LAXATIFS**

D. COMPLICATIONS

- **Psychiatriques :**
  - Passage vers l'anorexie, rechutes
  - Dépression et **suicide +++**
  - **Autres addictions +++** (alcool, drogue, médicaments)
  - TOC, phobies, trouble anxieux généralisé
  - **Isolement social +++**
- **Suite aux accès boulimiques :**
  - Dilatation, rupture de l'estomac
  - Fausses routes, pneumopathie d'inhalation
- **Syndrome de purge :**
  - **Troubles hydro-électrolytiques** (dont la redoutée **hypokaliémie,** mais également les dysnatrémies et les collapsus) avec **risque de mort subite**
  - Pathologies stomatologiques (parotide, dents, parodonte) et digestives (œsophage)
  - Intoxication aux différentes substances utilisées (amphétamines, extraits thyroïdiens)

E. EVOLUTION ET PRONOSTIC

- Schématiquement, il y a 3 évolutions possibles :
  - 1/3 des cas : guérison
  - 1/3 des cas : chronicisation
  - 1/3 des cas : évolution sévère
- Mortalité d'environ **7%,** principalement par **suicides** et **mort subite** (troubles ioniques + hypométabolisme)

- Il existe divers facteurs pronostiques. Voici les principaux :

FACTEURS PRONOSTIQUES DE LA BOULIMIE NERVEUSE

1. **MULTIPLICITE DES COMPORTEMENTS COMPENSATOIRES**
2. **DUREE D'EVOLUTION DU TROUBLE**
3. **COMORBIDITES PSYCHIATRIQUES**
4. **ANTECEDENTS D'UTILISATION DE TOXIQUES**
5. **PERTE DE POIDS IMPORTANTE**

II. CONDUITE A TENIR EN PRATIQUE

1°) Il faut donc **suspecter la boulimie** devant le terrain, la répétition des accès et les stratégies compensatoires

2°) Il faut **évaluer l'état nutritionnel** (voir paragraphe correspondant) en pratiquant :
- Une évaluation des apports
- Un interrogatoire et un examen clinique à la recherche des signes de dénutrition (perte musculaire et lipidique, hypométabolisme, infections, carence protéique)
- Des examens complémentaires complétant cette évaluation : NFS, ionogramme sanguin, glycémie, bilan thyroïdien, marqueurs protéiques (longtemps normaux dans le marasme), ECG, radio du thorax, impédancemétrie pour certains
- Un bilan phosphocalcique et une ostéodensitométrie évaluent l'ostéopénie

3°) Il faut **éliminer** une autre cause de boulimie, principalement psychiatrique et **une tumeur cérébrale**

4°) Il faut rechercher **les complications** qui imposeront, ou non, l'hospitalisation, parfois en urgence :
- Psychiatriques : présence d'un facteur de mauvais pronostic
- Purge : hyponatrémie, hypokaliémie, insuffisance rénale fonctionnelle, thyrotoxicose, intoxication aux amphétamines
- Echec du traitement ambulatoire

III. TRAITEMENT

A. GENERALITES

- La prise en charge de la boulimie est longue et pluridisciplinaire. On peut dégager **4 objectifs** et **4 modalités thérapeutiques**
- **4 objectifs :**
  1. **Traitement des crises**
  2. **Traitement des stratégies compensatoires (prise en charge nutritionnelle) et des complications somatiques**
  3. **Traitement de la personnalité (rapport à la nourriture et au corps)**
  4. **Traitement des dysfonctionnements familiaux**

- **4 modalités thérapeutiques :**
  1. **Prise en charge nutritionnelle et somatique**
  2. **Psychothérapie individuelle, de groupe, familiale**
  3. **Thérapies cognitivo-comportementales**
  4. **Chimiothérapie**

B. LA PRISE EN CHARGE

1. Nutritionnelle et somatique

- Parfois débutée lors d'une **hospitalisation en urgence.** Généralement, l'urgence est de 3 ordres et, bien entendu, son traitement est la priorité absolue :
  - Etat de mal boulimique (succession de 15 crises en moins d'un mois)
  - Trouble hydro-électrolytique (hypokaliémie +++)
  - Tentative de suicide
- Bien entendu, selon le bilan, **les complications somatiques** devront être traitées
- Après l'hospitalisation, **un suivi nutritionnel** devra être mis en place afin de fixer les modalités de l'alimentation en ambulatoire

2. Psychothérapies

- La psychothérapie **de soutien** est toujours indispensable. Pratiquée par le coordinateur des différents intervenants, elle permet de recentrer la patiente sur sa prise en charge et de dépister d'éventuelles comorbidités psychiatriques au fur et à mesure de l'évolution
- Les psychothérapies **de groupe** sont intéressantes dans la prise en charge des troubles de la personnalité
- Les psychothérapies **familiales** aideront aux traitements des dysfonctionnements familiaux et des relations avec la famille. Il est à noter que les parents, encore une fois, ne doivent pas être culpabilisés, mais **utilisés comme alliés thérapeutiques +++**
- Les psychothérapies **d'inspiration analytique** sont également utilisées

3. Thérapies cognitivo-comportementales (TCC)

- Elles visent à traiter les comportements à problème en modifiant les schémas cognitifs erronés
- Elles permettent ainsi de défaire les enchaînements de pensée pathologiques (voir paragraphe des facteurs étiologiques) au sujet de l'alimentation, de l'image du corps
- Indépendamment du trouble qu'elles traitent, ces thérapies renforcent **l'auto-efficacité** et **l'estime de soi** et participent ainsi, en partie, au traitement des personnalités pathologiques de ces patientes

4- Chimiothérapie

- Sur le plan somatique : des médicaments adaptés aux différentes complications devront être prescrits. Citons particulièrement, en prévention de l'hypokaliémie de purge, **les IPP (Mopral®) :** en diminuant l'acidité gastrique, ils diminuent les pertes d'H+ !!
- Sur le plan psychiatrique : les épisodes dépressifs et anxieux devront être traités par anxiolytiques et antidépresseurs. En dehors de ces cas, **les IRS (surtout la fluoxétine : Prozac®)** ont montré une efficacité dans la prévention des rechutes

5. Surveillance au long cours +++

Projet pédagogique individuel adapté : objectifs
réalistes, alliance thérapeutique, adhésion du patient
Éducation thérapeutique du patient : signes et gestes
d'urgences, observance, proscrire l'automédication
100%, ALD
Réseau de soins, coordination avec le médecin traitant
associations de malades
suivi, réévaluation régulière, adaptation des ttt ✒
cation thérapeutique : acquisition ou maintien de
compétences pour gérer au mieux la vie avec une
ologie chronique. 4 étapes : diagnostic éducatif.
ramme personnalisé de soins, séances d'éducation
iduelle ou collective, évaluation annuelle des
sitions.

Notes personnelles

valeurs professionnelles du
ecin et des autres professions de   UE 1   ECN x 0
es éthiques :
um non nocere, bienfaisance, équité
pect de la dignité et du principe d'autonomie ✒,
uté de la personne
entement du malade, liberté
t d'Hippocrate, déclaration d'Helsinki, lois de
que, Loi du 4 mars 2002, Code de déontologie
par l'ordre national des médecins), Loi Leonetti.
comité consultatif national d'éthique.
• Aux Etats-Unis : équité et justice territoriale. En revanche
difficultés d'accès aux soins majeure pour 20% de la
population (soins coûteux).

Notes personnelles

---

3 Le raisonnement et la décision en
médecine. La médecine fondée sur   UE 1   ECN x 0
des preuves. L'aléa thérapeutique.
• Démarche diagnostique (penser au fréquent et grave),
arbres diagnostiques, rapport bénéfice-risque
• Raisonnement probabiliste ou hypothéco-déductif
• Evidence Based Medecine : médecine fondée sur des
preuves, intègre 3 types de données pour la prise d'une
décision :
  × Connaissances scientifiques (pertinence)
  × Représentations du patient
  × Organisation des soins, contexte cliniques
• Niveaux de preuve :
  × Grade A : Niveau 1 : preuve scientifique établie (méta-
  analyse, essais comparatifs de forte puissance)
  × Grade B : Niveau 2 : présomption scientifique (essais
  randomisés de faible puissance, cohorte)
  × Grade C : faible niveau de preuve :
    - Niveau 3 : études cas-témoin
    - Niveau 4 : études épidémiologiques, séries de cas,
    avis d'expert
• Quelques définitions :
  × Efficacité : effet sur le morbi-mortalité, évaluée par un
  essai contrôlé par exemple.
  × Efficience : rapport entre coût (financier, main
  d'œuvre...) et efficacité (morbi-mortalité). Une pratique
  peut être efficace mais inefficiente (moyens trop
  complexes et trop onéreux par exemple).
  × Utilité : définie par le service médical rendu.
• Discussion collégiale (loi Leonetti) : lors des situations
de limitation ou d'arrêt de traitement, concertation avec
l'équipe soignante et l'avis motivé d'au moins un autre
médecin en qualité de consultant externe, en prenant en
compte si possible les souhaits du patient ✒ (directives
anticipées, personne de confiance).

Notes personnelles

1-50
51-100
101-150
151-200
201-250
251-300
301-350
351-362

---

4 La sécurité du patient. La gestion des
risques. Les évènements   UE 1   ECN x 0
indésirables liés aux soins.
• Définitions :
  × Qualité des soins : meilleur résultat pour le patient au
  moindre coût, au moindre risque, pour sa plus grande
  satisfaction.
  × Sécurité : risque d'EIG minimal.
  × Evènement indésirable grave (EIG): décès ou pronostic
  vital engagé, perte permanente d'une fonction, en lien
  avec un acte de soin, ne résultant pas de l'évolution
  naturelle d'une maladie. En 2009 : 6,2 EIG/1000 jours
  d'hospitalisation (9 en chirurgie, 4 en médecine), dont
  40% évitables. 3 principales causes : actes invasifs,
  produits de santé, infection liée aux soins. Pas
  d'amélioration des chiffres depuis 2004.
  × Evènement porteur de risque : évènement qui aurait pu
  avoir une conséquence sur le patient, mais qui n'en a
  pas eu.
  × Résilience : faculté d'un système à analyser pour les
  incidents pour les détecter et les prévenir à l'avenir.
  × Antisepsie : élimination / diminution des micro-
  organismes qui souillent un organisme vivant.
  × Asepsie : mise en œuvre de moyens visant à maintenir
  un organisme vivant exempt de tout germe.
  × Désinfection : élimination / diminution des micro-
  organismes pathogènes vivant sur des surfaces inertes.
  × Décontamination : élimination / diminution des micro-
  organismes pathogènes, polluants chimiques ou
  physiques existant sur des tissus vivants ou surfaces
  inertes.
  × Stérilisation : réduction logarithmique des micro-
  organismes d'au moins 6 log.

• Procédures d'hygiène des mains : friction hydro-
alcoolique entre chaque patient, entre 2 activités, port de
gants.

• Infection associées aux soins :
• Définition : infection acquise dans un établissement de
soins qui n'était ni présente ni en incubation au moment
de l'admission
• Délais : ≥ 48h après admission, jusqu'à 30j si infection de
site opératoire, jusqu'à 1 an si infection de matériel
prothétique

---

6 L'organisation de l'exercice clinique
et les méthodes qui permettent de   UE 1   ECN x 0
sécuriser le parcours du patient.
• Protocoles pluriprofessionnels : solutions aux
problèmes de prise en charge pluriprofessionnelle,
harmonisation des pratiques, entre médecins,
pharmaciens, IDE, kinés... Ex : gestion des AVK.
Formulation d'une question, revue de la littérature,
recommandations. Activité de veille documentaire
(actualités sur la question).
• RCP : en réseaux, pluridisciplinaires (> 2 spécialistes :
oncologue, radiologue, chirurgien, ...) se réunissant au
moins 2 fois par mois). Discussion de tous les nouveaux
cas, référentiel de pratique, traçabilité.
• Liste de vérification « check list » : promue par l'OMS
puis par la HAS, liste de vérification obligatoire au bloc
opératoire, conçue pour améliorer la sécurité et favoriser
la communication au sein de l'équipe (chirurgien,
anesthésiste, panseuse...)
• Réunions de morbi-mortalité : obligatoire pour la
certification. Analyse des incidents plus ou moins graves
survenus au sein d'un service d'hospitalisation, pour éviter
qu'ils ne se reproduisent, au moins /6 mois.

Notes personnelles

---

7 Les droits individuels et collectifs du
patient.   UE 1   ECN x 5
• Loi du 4 mars 2002 du Code de la Santé Publique :
droits de la personne (information CLA, consentement
éclairé, accès au dossier médical, directives anticipées et
personne de confiance) et des collectivités (associations,
droits des usagers).
• Information du malade :
  × Claire, loyale, appropriée, totale, orale et écrite, recueil
  du consentement éclairé
  × Preuves d'information à la charge du médecin
  (traçabilité) ✒

1-50
51-100
101-150
151-200
201-250
251-300
301-350
351-362

OBESITE DE L'ADULTE ET DE L'ENFANT

LES OBJECTIFS DU CNCI :

- Diagnostiquer une obésité de l'enfant et de l'adulte.

- Argumenter l'attitude thérapeutique et planifier le suivi du patient.

*L'obésité correspond à une surcharge pondérale par excès de tissu adipeux. Elle résulte d'un déséquilibre entre les apports et les dépenses d'énergie. Il s'agit **d'un problème majeur de santé publique, dont la gravité est encore sous-estimée.** En effet, notre mode de vie occidental, nous rendant plus sédentaire et nous poussant à consommer de façon excessive et déséquilibrée, a largement contribué à accroître la prévalence de l'obésité. L'autre conséquence de cet état de fait est le nombre de cas sans cesse en augmentation de l'obésité **chez l'enfant.***

Nous développerons donc les grandes notions d'épidémiologie, puis nous verrons comment l'on diagnostique et l'on caractérise une obésité. Puis, après avoir passé en revue les diverses complications, nous vous proposerons un schéma de prise en charge diagnostique et thérapeutique.

*Mais ne vous y trompez pas : ceci est une question rédigée pour les ECN contenant tous les mots-clés pouvant être exigés. Cela dit, les seules données objectives sont insuffisantes : **comprendre** l'obésité, ce fléau, mêlant génétique, environnement, jugement de valeurs, idées reçues, souffrance et traitements aberrants est loin d'être facile. C'est un challenge extraordinaire pour notre génération de soignants, la preuve : les thérapeutiques actuellement validées ont une efficacité **inférieure à 5% à 5 ans** : la recherche sur l'obésité a encore de beaux jours devant elle...*

I. EPIDEMIOLOGIE

DEFINITION : L'OBESITE EST UNE SURCHARGE PONDERALE PAR EXCES DE TISSU ADIPEUX (MASSE GRASSE).

A. PREVALENCE ET INCIDENCE

- La prévalence de l'obésité est **en constante augmentation** dans les pays développés :
    - France : **10 à 15%** de la population **(12% des enfants +++)**
    - USA : **30%** (1 américain sur 3 est obèse !!!)
    - D'une manière générale, retenez que la prévalence augmente dans toutes les tranches d'âge, dans les 2 sexes
- Le sex-ratio est égal à 1 : elle touche autant l'homme que la femme
- Il existe une disparité régionale : les régions les plus touchées sont surtout **le nord** et **l'est** de la France. L'ouest de la France semble moins touché
- D'une manière générale, elle est en augmentation dans les pays industrialisés et/ou ayant adopté un mode de vie 'à l'occidentale'

B. FACTEURS DE RISQUE

- **Les antécédents familiaux :** nette part génétique… mais insuffisante pour expliquer l'explosion de la prévalence
- **L'âge :**
  - La prévalence augmente progressivement avec l'âge
  - Cependant, on assiste actuellement à une augmentation nette de cette prévalence **dans la population infantile (1 enfant sur 8 à 10 est obèse)**
- **Le niveau socio-économique :** attention aux idées reçues. L'obésité est statistiquement plus fréquente **chez les sujets socio-économiquement défavorisés +++**
- **La sédentarité** qui déséquilibre la balance énergétique

C. UN PROBLEME DE SANTE PUBLIQUE

- L'obésité en est un, énorme si j'ose dire…
- Tout d'abord, l'obésité entraîne des complications **somatiques** et **PSYCHOSOCIAles** dont les répercussions économiques sont loin d'être minimes
- Ensuite, l'obésité est en augmentation **chez les enfants,** et de récentes études ont montré que le pronostic pondéral est désastreux, en particulier si la surcharge n'est pas traitée avant la puberté
- Pour finir, malgré des découvertes innombrables, il apparaît que le traitement de l'obésité repose, avant tout, sur **l'éducation alimentaire, et ce, dès l'enfance…** c'est bien de la santé publique, ça, non ?

II. DIAGNOSTIC ET CARACTERISATION

A. DEFINITION CHIFFREE

- Rappel :
  - Chez l'homme, la masse grasse représente **10 à 15%** du poids corporel
  - Chez la femme, la masse grasse représente **20 à 25%** du poids corporel

- Indice de masse corporelle (IMC) ou Body Mass Index (BMI) :
  - Appelé également indice de Quetelet
  - Il se calcule par la formule suivante :

$$\text{IMC (kg/m}^2\text{)} = \text{Poids/Taille}^2$$

  - Les résultats doivent être appréciés selon les normes suivantes :
    - × IMC < 19 : maigreur
    - × IMC entre 19 et 25 : normal
    - × IMC entre 25 et 30 : surpoids
    - × **IMC de 30 à 35 : obésité grade 1**
    - × **IMC de 35 à 40 : obésité grade 2**
    - × **IMC > 40 : obésité grade 3**

  - **Chez l'enfant :** on utilise des abaques où l'obésité est définie comme un IMC **supérieur au 97ème percentile.** En pratique, on parle **d'excès de poids pour la taille** (ce qui est plus parlant et permet un meilleur suivi)

B. QUANTIFICATION DE LA MASSE GRASSE (INUTILE EN PRATIQUE)

- Examen clinique : mesure de l'épaisseur du pli cutané brachial
- Examens paracliniques :
    - Densitométrie corporelle
    - Méthode isotopique
    - Impédancemétrie
    - Imagerie des parties molles

C. TYPE DE L'OBESITE

- Il existe **2 sortes d'obésité,** qui diffèrent par la répartition des graisses et les conséquences. On utilise, pour les distinguer, le rapport :

TOUR DE TAILLE/TOUR DE HANCHE

- L'obésité **androïde**
- L'obésité **gynoïde**
- **L'obésité androïde :**
    - Définie par un rapport TT/TH :
        - × Chez la femme : **> 0,8**
        - × Chez l'homme : **> 0,95**
    - Prédominance des graisses dans **la partie supérieure du corps**
    - Elle est de pronostic plus sévère car elle est surtout associée aux complications **métaboliques** et **cardiovasculaires**
    - D'autres groupes d'étude recommandent de n'utiliser que **TT > 94 cm (homme) et 80 cm (femme)**
- **L'obésité gynoïde :**
    - Définie par un rapport TT/TH :
        - × Chez la femme : **< 0,8**
        - × Chez l'homme : **< 0,95**
    - Prédominance des graisses dans la partie inférieure du corps
    - Elle est davantage associée aux complications mécaniques

III. COMPLICATIONS DE L'OBESITE

Il existe **4** grandes catégories de complications majeures auxquelles s'ajoutent des complications moins fréquentes ou moins graves :

1. **CARDIOVASCULAIRES**
2. **METABOLIQUES**
3. **RESPIRATOIRES**
4. **OSTEO-ARTICULAIRES**
5. **AUTRES (DONT PSYCHOSOCIALES +++)**

A. COMPLICATIONS CARDIOVASCULAIRES

- 5 mécanismes entrent en jeu :
    - Facteur de risque indépendant **d'athérome** (surtout si obésité **androïde +++)**
    - S'accompagne, dans le cadre du **syndrome métabolique,** de complications métaboliques elles-mêmes **athérogènes** (diabète type 2, hypertriglycéridémie)
    - L'obésité est un facteur d'**HTA** (mécanique + syndrome métabolique)
    - L'obésité est un facteur d'**insuffisance veineuse**
    - L'obésité est un facteur de **SAOS**
- **Complications athéromateuses :** cérébro-vasculaires, coronaires, sous-aortiques
- **HTA et ses complications :** cérébrales, ophtalmos, rénale, cardiovasculaires
- **Complications veineuses :**
    - Phlébite, EP
    - Insuffisance veineuse (d'origine mécanique), varices
    - Ulcère veineux
- **Insuffisance cardiaque multifactorielle :**
    - Ischémique (insuffisance coronaire)
    - Hypertensive (HTA)
    - Cœur pulmonaire chronique (voir complications respiratoires)

B. COMPLICATIONS METABOLIQUES

- **Nous avons déjà vu que l'obésité** (surtout androïde) était à l'origine d'une **Insulinorésistance** et d'un **hyperinsulinisme** (voir Diabète de type 2) et qu'elle pouvait s'intégrer dans le tableau de **syndrome métabolique** (voir *Facteurs de risque cardiovasculaire)*
- **Diabète de type 2 (QS) :** une perte de 5-10% du poids peut normaliser les glycémies
- **Syndrome des ovaires polykystiques (SOPK)**
- **Dyslipidémie (QS) :**
    - Surtout de type 4 (pléthoro-dépendante, mais également alcoolo- et glucido-dépendante)
    - Parfois de type 2b (type 4 + type 2a)
    - Athérogène dans tous les cas
    - Comme dans le cas du diabète, un régime adapté peut suffire à normaliser la triglycéridémie
- **Hyperuricémie :**
    - Peut entraîner des crises de goutte ou des complications chroniques comme les arthropathies, les tophus goutteux et les lithiases rénales
    - Son traitement associe (voir poly de Rhumatologie pour plus de détails) :
        - × Traitement de l'obésité
        - × Régime sans purines et diurèse alcaline
        - × Hypo-uricémiants adaptés à l'uraturie (type allopurinol – Zyloric®)

C. COMPLICATIONS RESPIRATOIRES

D'origine essentiellement **mécanique,** elles sont potentiellement **graves** puisqu'elles peuvent mener à l'insuffisance respiratoire chronique.

1. Le syndrome restrictif

- L'obésité provoque une baisse de l'ampliation thoracique et de la course du diaphragme
- Au maximum, on assiste à une insuffisance respiratoire chronique avec **hypoventilation alvéolaire :**
    - Hypoxie chronique
    - Hypercapnie chronique
- **L'insuffisance respiratoire chronique** peut entraîner des troubles cardiaques du fait de l'hypoventilation alvéolaire, réalisant au maximum le **cœur pulmonaire chronique** (tableau d'insuffisance cardiaque droite – voir polycopié de cardiologie)

2. Le syndrome d'apnées obstructives du sommeil (SAOS)

- Critères diagnostiques : (A ou B) + C

    A : somnolence diurne excessive

    B : 2 signes cliniques

    C : index apnées/hypopnées > 5
- 4 raisons de dépister :
    - Des FdR : **syndrome métabolique témoignant de l'insulinorésistance (obésité – HTA – diabète – dyslipidémie), homme, âge, alcool-tabac, sédatifs**
    - Des signes diurnes **(fatigue, trouble de l'humeur et de concentration, somnolence, céphalées matinales, HTA résistante au traitement)**
    - Des signes nocturnes **(ronflements, apnées, nycturie, éveils, sueurs, dysfonction érectile)**
    - Une atteinte cardiovasculaire
- 3 stades de gravité selon IAH :
    - 5-15 : SAOS léger
    - 15-30 : SAOS modéré
    - > 30 : SAOS sévère
- 4 principes de traitement :

    1. **Traitement dune éventuelle hypothyroïdie**

    2. **Physiopathologiques : perte de poids, hygiène du sommeil**

    3. **Traitement par PPC constante ou automatique**

    4. **Alternatives : orthèse d'avancée mandibulaire, chirurgie, ultrasons haute fréquence, laser**

D. COMPLICATIONS OSTEO-ARTICULAIRES

- Elles sont également d'origine **mécanique.** Mais le plus important réside dans le fait que leur survenue **réduit la mobilité et l'activité physique du patient,** entravant l'un des facteurs d'amélioration les plus importants !!!
- **Coxarthrose et gonarthrose :**
    - Le contrôle pondéral est un élément essentiel du traitement de ces 2 pathologies
    - De plus, nous verrons plus loin que l'obésité rend plus difficile l'intervention chirurgicale
- **Arthrose vertébrale :**
    - Dorsalgie et lombalgie
    - Sciatique
- **Ostéonécrose aseptique de la tête fémorale**
- En revanche **(au moins un point positif) :** l'obésité joue un rôle **protecteur vis-à-vis de l'ostéoporose,** en particulier chez la femme ménopausée. En effet, l'aromatisation accrue des androgènes en œstrogènes dans les graisses (excès de graisse = excès d'aromatisation) compense l'hypo-œstrogénie qui résulte de la ménopause

E. AUTRES COMPLICATIONS

- **Hépatobiliaires :**
  - **Stéatose hépatique et NASH** (pouvant parfois aller jusqu'à la cirrhose : la NASH est en passe de dépasser l'alcoolisme comme étiologie de cirrhose)
  - Lithiase biliaire (plus fréquente chez les obèses)
  - RGO
- **Cutanées :**
  - Infection des plis (mycoses +++)
  - Erysipèle plus fréquent
  - Retard au diagnostic de hernie (révélation plus fréquente sous forme de hernie étranglée que dans la population générale)
- **Opératoires :**
  - Hausse de la morbi-mortalité peropératoire et postopératoire (cardiovasculaire et de paroi)
  - Hausse des complications de décubitus
- **Cancérologiques :**
  - Hausse des cancers **hormonodépendants** : nous avons vu que le taux d'œstrogènes est augmenté du fait de l'aromatisation des androgènes en œstrogènes dans les graisses. Ainsi, sont plus fréquents :
    - × Cancer du **sein**
    - × Cancer de l'**endomètre**
  - Statistiquement, sont plus souvent observés :
    - × Cancer du **côlon** et de la **prostate**
    - × Cancers gynécologiques non-hormonodépendants : **utérus, ovaires**
- **Complications durant la grossesse :**
  - Malformations (indépendamment d'un éventuel diabète)
  - Diabète gestationnel
  - HTA gravidique et prééclapmpsie

F. COMPLICATIONS PSYCHOSOCIALES

- **Nous ne pouvions achever le chapitre** des complications sans évoquer les complications pyschosociales
- **Elles se manifestent sous différentes formes :**
  - Syndrome dépressif, parfois sévère
  - Troubles du comportement alimentaire **secondaires aux régimes** (à ne pas confondre avec les TCA pouvant être à l'origine de l'obésité) : **restriction cognitive**
  - Ségrégation sociale (emplois, salaires, logements, niveau d'étude)
  - Dépenses accrues pour tout ce qui se rapporte à l'amincissement
  - Et bien d'autres encore…
  - Ça ne devrait pas tomber aux ECN (encore que, pour tester nos capacités à prendre en charge l'aspect psychologique du patient, ça pourrait être intéressant, mais vu l'esprit actuel du concours… j'en doute !!)
- **Néanmoins,** au vu de ce qui se passe aux USA où des lobbys très puissants commencent à se former, au vu du nombre de patients qui commencent à se tourner (à tort ou à raison !!!) vers les médecines différentes, il faut vous y sensibiliser !!

IV. LES OBESITES PRIMAIRES ET SECONDAIRES

> Dans tous les cas, l'obésité n'a qu'une origine : un excès d'apport calorique par rapport aux dépenses. Il s'agit donc <u>uniquement</u> d'un problème <u>quantitatif</u>.

A. LES OBESITES PRIMAIRES OU ESSENTIELLES

- **Ces obésités n'ont pas d'étiologies précises.** Elles sont, en fait, multifactorielles. L'important est de rechercher les facteurs prédisposants à l'interrogatoire chez tous les patients obèses car on peut agir sur certains d'entre eux
- **Les facteurs génétiques** : antécédents familiaux d'obésité
- **Les facteurs environnementaux :**
  - Stress
  - Sédentarité
- **Les facteurs alimentaires menant à un excès calorique :**
  - Horaires de repas irréguliers
  - Alimentation déséquilibrée
  - Troubles du comportement alimentaire (hyperphagie prandiale, grignotages, frénésie alimentaire ou binge-eating disorder - voir chapitre Troubles du comportement alimentaire)
  - Culture alimentaire

B. LES OBESITES SECONDAIRES (RARES +++)

Certaines obésités ne sont en fait qu'un symptôme d'une maladie générale. On distingue principalement 3 catégories de causes :

ETIOLOGIES DES OBESITES
1. ENDOCRINOPATHIES
Hypothyroïdie (ou insuffisance thyréotrope)
Syndrome de Cushing
Hyperinsulinisme organique
2. MEDICAMENTS
Tous les psychotropes : lithium, antidépresseurs, neuroleptiques
Corticoïdes
Œstroprogestatifs et androgènes
Insuline, sulfamides, glinides
3. SYNDROMES GENETIQUES (plus rares)
Obésités monogéniques : déficit en leptine, en MC4R...
Obésités syndromiques : Prader-Willi, Laurence-Moon, Cohen, Bardet-Biedl...

> Aucun examen complémentaire à visée étiologique ne doit être demandé à titre systématique, mais il ne faut pas hésiter à les prescrire au moindre doute clinique !!

V. CONDUITE A TENIR DEVANT UN(E) PATIENT(E) OBESE

LES 5 OBJECTIFS
1. OBJECTIVER L'OBESITE ET LA CARACTERISER
2. EVALUER LES FACTEURS ETIOLOGIQUES
3. EVALUER LE RETENTISSEMENT SOMATIQUE
4. EVALUER LE CONTEXTE PSYCHO-AFFECTIF ET PSYCHOSOCIAL
5. ELABORER UN PROGRAMME THERAPEUTIQUE ADAPTE

A. OBJECTIVER L'OBESITE ET LA CARACTERISER

- **Etablissement de la courbe de poids avec histoire de la surcharge pondérale :**
    - Age de début de l'obésité
    - Poids maximal
    - Thérapeutiques déjà mises en œuvre et leurs résultats
    - Périodicité des variations pondérales (syndrome du yoyo)
    - Evénements biologiques ou socio-affectifs déclenchant/aggravant/améliorant l'évolution
- **Examen clinique :**
    - Poids, Taille, IMC
    - Mesure du tour de taille et du tour de hanche

B. RECHERCHER LES FACTEURS ETIOLOGIQUES

- **Antécédents familiaux**
- **Comportement alimentaire : l'enquête alimentaire (diététique +++) :**
    - Evaluation qualitative des apports :
        - × **Troubles du comportement alimentaire :** Compulsions, Grignotage, hyperphagie boulimique, hyperphagie prandiale
        - × **Perte de contrôle secondaire à la restriction cognitive**
        - × **Evaluation quantitative des apports (peu utile en pratique : oui, un obèse mange plus de calorie que ce dont il a besoin) :** nombres de repas, apport calorique, répartition par nutriments
        - × **Evaluation des dépenses**

POUR COMPRENDRE : LA RESTRICTION COGNITIVE : QU'EST-CE ?

- **Concept datant des années 70 : définit une volonté de contrôle volontaire de l'alimentation dans le but de contrôler son poids (quel que soit le résultat)**

- (Oui vous vous demandez en lisant cela ce qu'il y a d'anormal, à cela puisque près de 80% de la population de 20 à 40 ans raisonne ainsi)

- **Le souci, c'est que ce comportement comporte 2 versants :**
    - × **Inhibition : lorsque le sujet arrive à se restreindre**
    - × **Désinhibition : lorsque le sujet « craque »… il craque pour de bon !!**

- **Oui, bon, toujours pas vraiment convaincu que c'est anormal ? Eh bien, on sait aujourd'hui :**
    - × **Que la restriction cognitive mène à l'obésité et que celle-ci renforce la restriction cognitive en retour (cercle vicieux… encore un !!)**
    - × **Qu'une restriction cognitive chez la mère multiplie par 3 le risque d'obésité chez sa fille !!**

- **Bien sûr, nous avons un excellent modèle expérimental de restriction cognitive à notre disposition… cela s'appelle… LES REGIMES !!**

- **Pour ceux que cela intéresse et qui ont envie de traiter les problèmes de poids autrement qu'avec des régimes et des engueulades, je vous conseille de lire les ouvrage de J.P. Zermati et G. Apfeldorfer (Maigrir sans régime, mangez en paix) et de consulter le site du Groupe de Réflexion sur l'Obésité et le Surpoids (www.gros.org)**

- **Evaluation psychologique :** estime de soi, troubles de l'humeur, image du corps, rapport à la nourriture

- **Recherche d'une étiologie :** les examens complémentaires seront demandés en cas de suspicion clinique. **Aucun n'est systématique à visée étiologique :**
    - Suspicion d'hypothyroïdie : TSH
    - Suspicion de Cushing : cortisol libre urinaire des 24 heures, cycle nycthéméral du cortisol, test de freinage à la DXM
    - Suspicion d'adénome hypophysaire : bilan hormonal hypophysaire + IRM hypophysaire
    - **Recherche de prise médicamenteuse +++**

C. EVALUER LE RETENTISSEMENT SOMATIQUE

- **Cardiovasculaire : QS**
- **Respiratoire :**
    - **Interrogatoire +++** en insistant sur les signes de syndrome d'apnées du sommeil
    - Examen clinique respiratoire complet
    - Les examens complémentaires seront prescrits sur signes d'appels :
        - × EFR à la recherche d'un syndrome restrictif
        - × GDS
        - × Polygraphie respiratoire nocturne

- **Métaboliques :**
  - Les bilans glucidique et lipidique font partie de l'exploration du risque cardiovasculaire et sont donc systématiques
  - On dosera également systématiquement **l'uricémie**
- **Ostéo-articulaires :**
  - Examen clinique complet
  - Radiographies centrées sur les zones douloureuses ou déformées s'il y a lieu

EXAMENS COMPLEMENTAIRES SYSTEMATIQUES
– ECG
– GLYCEMIE A JEUN ET POST-PRANDIALE
– BILAN LIPIDIQUE (CT, TG, LDL, HDL)
– BILAN HEPATIQUE (ASAT, ALAT, GGT, PAL, BILIRUBINE)
– URICEMIE

D. APPRECIER LE CONTEXTE PSYCHOLOGIQUE

- **But étiologique :** troubles du comportement alimentaire
- **Retentissement de l'obésité :**
  - Estime de soi, dépression, anxiété
  - Vie sociale, professionnelle, affective
- **Analyser la motivation :** raisons, motifs

VI- PRINCIPES THERAPEUTIQUES

- La prise en charge du sujet obèse doit être **globale** et ne pas s'arrêter à la simple prescription diététique : c'est tout le mode de vie de ces patients qui est à redéfinir, ce qui explique la difficulté de ce traitement
- Mais c'est de loin **la prévention +++** qui se révèlera sûrement être la meilleure arme contre ce fléau

LA PRISE EN CHARGE DOIT ETRE LA PLUS PRECOCE POSSIBLE

A. TRAITEMENT CURATIF

- Il repose sur 5 principes de base
- Mais il impose avant tout de définir **l'objectif** pondéral et le médecin se doit d'être **modéré** et **réaliste :**
  - Perte de **5 à 15% du poids maximal** (éventuellement plus s'il n'y a pas de contre-indications nutritionnelles ou somatiques)
  - Sur une durée de **6 à 12 mois**
  - Puis, le plus important (et le plus difficile !!) **le maintien à long terme de ce poids**

LES 6 PRINCIPES DE LUTTE CONTRE L'OBESITE

1. **ALIMENTATION HYPOCALORIQUE**
2. **ACTIVITE PHYSIQUE**
3. **ASPECT PSYCHOLOGIQUE**
4. **TRAITEMENT DES COMPLICATIONS ET DES FdRCV**
5. **SUIVI A LONG TERME +++**
6. **+/- MOYENS ADJUVANTS : MEDICAMENTS, CHIRURGIE**

1. Alimentation hypocalorique

- **Après enquête alimentaire**
- Adaptée à chaque patient, à sa culture, à ses goûts, à ses habitudes : ne pas être austère (intérêt de **l'enquête alimentaire +++)**
- **Seule compte la restriction calorique. En dehors de maladies particulières, AUCUN aliment n'est interdit !!**
    - Sur le plan qualitatif : lutter contre les troubles du comportement alimentaire induisant un **excès de calories (éducation** alimentaire +++ et **thérapies cognitivo-comportementales)**
    - Sur le plan quantitatif : **hypocalorique** (réduction de l'apport calorique de 30% **maximum +++)**

2. Activité physique

a. Modalités (QS)

> **Activité en endurance au moins 3 fois par semaine durant 45 minutes.**

6 ETAPES DE PRESCRIPTION

1. **EVALUER L'ACTIVITE PHYSIQUE**
2. **EVALUER LES BENEFICES (PREVENTION PRIMAIRE, PATHOLOGIE)**
3. **EVALUER LES RISQUES (EXAMEN D'APTITUDE)**
4. **EVALUER LA MOTIVATION**
5. **FIXER LES OBJECTIFS ET MISE EN ROUTE DU PROJET**
6. **EVALUATION ET AJUSTEMENT**

b. Bénéfices

- **Bénéfice pondéral au niveau du maintien du poids**
- **Bénéfice cardiovasculaire :**
    - **Facteur protecteur indépendant (y compris en prévention secondaire) :** diminution des plaques d'athérome, augmentation du flux coronarien, de la compliance cardiaque et des échanges en O_2
    - **Diminution de la pression artérielle :** vasodilatation, diminution du système sympathique et du SRAA (entraînement)
    - **Augmentation du HDL, diminution des TG, diminution du LDL :** augmentation de la lipoprotéine lipase du muscle et du tissu adipeux et baisse de la lipase hépatique

- **Diminution de l'insulinorésistance et de l'insulinémie :** action sur le syndrome métabolique (obésité abdominale, diabète type 2, HTA, stéatose hépatique et NASH, syndrome d'apnées du sommeil, SOPK)
- **Effet antiplaquettaire et antithrombogène :** augmentation du NO et du HDL
- **Prévention du diabète de type 2**
- **Prévention des cancers liés à l'obésité**
- **Amélioration du bien-être psychologique**

> Ces bénéfices peuvent être obtenus indépendamment de la perte de poids : il ne faut donc pas penser qu'on ne les obtiendra pas si le patient ne perd pas de poids et que cela ne sert à rien !!

3. Aspect psychologique

- **Essentiel +++ :** la prise en compte de la personnalité et du psychisme du patient est au moins aussi importante, **sinon plus,** que l'alimentation
- **Psychothérapie de soutien**
- **Thérapies cognitives et comportementales :** lutte contre les troubles du comportement alimentaire, les grignotages, mais aussi les troubles de l'humeur et de l'estime de soi
- **Psychothérapie analytique ou d'inspiration analytique :** lutte contre une anxiété de fond ou un trouble anxieux plus structuré

4. Traitement des complications et des FdRCV (QS)

5. Surveilllance au long cours

- Efficacité : perte de poids, activité physique, nouvelles habitudes et stratégies alimentaires
- Tolérance : signes de dénutrition ou de carences
- Survenue de complications : examen clinique et examens complémentaires selon la clinique
- Etat psychique : le patient craque-t-il ? Le médecin est un excellent psychothérapeute s'il le veut : il doit encourager le patient !! Un suivi régulier et prolongé contribue à la prévention de la rechute

6. Les médicaments

- Diverses substances ont été mises sur le marché. Certaines se sont révélées inefficaces, d'autres dangereuses (valvulopathies et isoméride puis, plus récemment, Mediator®)
- A ce jour, seul l'Orlistat® est encore sur le marché (Xenical®, Alli®)
- Globalement, **aucun n'a réellement fait la preuve de son efficacité à long terme +++**

> En revanche, ne pas hésiter à traiter un syndrome dépressif ou un TCA par les médicaments adaptés !!

7. La chirurgie bariatrique

> La chirurgie bariatrique est à ce jour le seul traitement efficace à long terme de l'obésité de grade 3.

- La chirurgie de l'obésité est une option thérapeutique efficace qui ne doit **ni être diabolisée, ni être banalisée**
- Son indication repose sur une **décision collégiale multidisciplinaire**

- Elle ne doit être envisagée que si les conditions suivantes sont réunies :
  - **Obésité résistante** à un traitement optimal (médical, nutritionnel, psychothérapeutique) de 6-12 mois
  - **IMC > 40 ou 35 si présence de complications réversibles**
  - **Patients informés sur le geste et la nécessité d'un suivi au long cours**
  - **Après évaluation préopératoire multidisciplinaire (ensemble du bilan de l'obésité) validée par une RCP**
- On recherche surtout l'**absence de contre-indications** :
  - **Troubles cognitifs et/ou psychologiques**
  - **Troubles sévères du comportement alimentaire**
  - **Addictions (alcool, substances psychoactives)**
  - **Incapacité au suivi**
  - **Absence de prise en charge médicale préalable**
  - **Contre-indications à l'anesthésie générale**
- On retient 2 types de techniques :
  - **Restrictives (TR) :** diminution de la portion par réduction du volume gastrique efficace (gastroplastie ajustable par anneau, gastrectomie des 2/3 en manchon ou sleeve gastrectomy)
  - **Malabsorptives (TM)** court-circuit gastro-jéjunal (bypass)
- Surveillance :
  - Efficacité : suivi du poids, régression des complications dépistées
  - **Tolérance : les principales complications sont digestives, carentielles et psychologiques**

PRINCIPALES COMPLICATIONS DE LA CHIRURGIE BARIATRIQUE

A DEPISTER (selon techniques)

1. **POSTOPERATOIRES : douleur, œdème, infection, hémorragie, phlébite/EP**
2. **FISTULE CUTANEO-DIGESTIVE (sleeve)**
3. **DIGESTIVES (TR > TM) : nausées, vomissements (anneau +++), RGO, gastrite**
4. **CARENCES (TM > TR) : fer, folates, vitamines A, B1, D, magnésium, calcium**
5. **PSYCHOLOGIQUES : vécu difficile du changement d'image ou d'alimentation**

B. LA PREVENTION : L'ARME ABSOLUE ??

- **Dans la population générale :**
  - Promotion de l'activité physique :
    - × Encourager ces activités dans la vie quotidienne
    - × Encourager à la pratique d'un sport
    - × Expliquer ses bénéfices
  - Alimentation :
    - × Cours d'éducation alimentaire dès le plus jeune âge (école, collège, lycée)
    - × Campagnes orientées vers les sujets à sensibiliser (jeunes, milieu défavorisé)
    - × Lutter contre « l'intox publicitaire » au sujet de certains produits minceur ou de certains régimes miracles
  - Aspect psychologique :
    - × Lutter contre la promotion actuelle de « l'idéal minceur »
    - × Expliquer les risques d'une maigreur extrême (dénutrition, troubles métaboliques, acrocyanose)

VII. QUELQUES NOTIONS SUR L'OBESITE DE L'ENFANT

A. EPIDEMIOLOGIE ET FACTEURS DE RISQUE

1. Prévalence : celle-ci augmente, tout comme chez l'adulte, tout comme dans les autres pays du monde (en particulier, l'augmentation en France en 30 ans a été similaire à l'augmentation aux USA, même si la prévalence n'est pas encore aussi élevée)

2. Facteurs de risque
- Antécédents familiaux et, en particulier, obésité parentale
- Grossesse :
  - Tabagisme maternel
  - Restriction calorique aux 2 premiers trimestres
  - Diabète gestationnel
- **L'allaitement maternel réduit de moitié le risque d'obésité de l'enfant**
- **Un rebond d'adiposité précoce +++** (remontée physiologique de l'IMC après une phase de diminution. Age normal : 6 ans)
- Une alimentation hypercalorique
- La sédentarité

> **Les 4 principaux facteurs à connaître sont : les antécédents familiaux, le rebond d'adiposité précoce, l'alimentation hypercalorique et la sédentarité. Le poids de naissance n'est PAS un facteur de risque.**

B. LE DIAGNOSTIC

- Se fait à partir des courbes d'IMC (carnet de santé)
- Au-dessus de la 1ère courbe aboutissant à un IMC 25 à 18 ans, on parle d'obésité grade 1
- Au-dessus de la 2ème courbe aboutissant à un IMC 30 à 18 ans, on parle d'obésité grade 2
- On s'exprime davantage en **excès de poids pour la taille,** plus parlant pour l'enfant et les parents, et rendant le suivi plus aisé

C. LA CARACTERISATION

- On distingue obésité androïde et gynoïde selon le rapport TT/TH, avec les mêmes valeurs que chez l'adulte
- Il n'existe pas d'abaques pour le TT rapporté à l'âge chez l'enfant

D. LES OBESITES SECONDAIRES

- Elles sont rares et se distinguent en 3 groupes :
  - Obésités endocriniennes
  - Obésités monogéniques
  - Obésités syndromiques

- **Les obésités endocriniennes ne doivent être recherchées qu'en cas de ralentissement de la courbe de croissance +++ :**
  - Hypothyroïdie : tableau clinique – doser la TSH
  - Syndrome de Cushing : attention, **les vergetures pourpres s'observent dans l'obésité commune chez l'enfant** – demander une cortisolurie des 24 heures puis un test de freinage faible à la DXM
  - Insuffisance somatotrope
- **Les obésités monogéniques sont dues à des mutations des protéines régulatrices du comportement alimentaire :**
  - Elles ont en commun :
    - × Antécédents familiaux et consanguinité
    - × Apparition précoce et sévérité précoce
    - × Anomalies endocriniennes associées : somatotrope et gonadotrope surtout
  - Déficit en leptine : leptine indosable – traitement par leptine recombinante
  - Déficit du récepteur à la leptine : leptine très élevée
  - Déficit de POMC, MC4R…
- **Les obésités syndromiques s'intègrent dans des tableaux génétiques complexes et ne représentent qu'un épiphénomène. Citons le syndrome de Prader-Willi**

> **Une croissance staturale normale élimine toute étiologie et rend inutile la pratique d'examens à visée étiologique.**

E. LES COMPLICATIONS

- **Métaboliques :**
  - Le syndrome métabolique existe chez l'enfant, lié également à **l'insulinorésistance**
  - Anomalies glucidiques :
    - × **L'intolérance au glucose** et **le diabète de type 2** sont rares et ne doivent pas être recherchés systématiquement
    - × Ils ne seront recherchés qu'en cas d'ACTD familiaux et si un traitement est envisagé
    - × La découverte d'un D2 mène à un traitement par RHD et biguanides
  - Anomalies lipidiques :
    - × **Les dyslipidémies touchent 20% des enfants obèses**
    - × A ne rechercher qu'en cas d'ATCD familiaux de dyslipidémie ou d'atteinte cardiovasculaire précoce
    - × Le traitement repose sur les RHD et les médicaments (Questran® avant 9 ans, statines après 9 ans)
    - × On vise des TG à 1,5 g/L, un LDL à 1,9 g/L en l'absence d'ATCD familiaux cardiovasculaires ou à 1,6 g/L dans le cas contraire
  - HTA : touche seulement 2% des enfants obèses – utiliser un brassard adapté
  - Risque cardiovasculaire à l'âge adulte accru : celui-ci doit être prévenu **dès l'enfance**
- **Endocriniennes :**
  - Somatotropes : **accélération de la vitesse de croissance staturale** (ils semblent plus vieux que les non-obèses du même âge – attention à ne pas exiger d'eux une maturité précoce). Cela est du à une augmentation de l'IGF-1
  - Gonadotropes : **avance pubertaire chez la fille** et **retard pubertaire chez le garçon**
  - Corticotrope et thyréotrope : quelques modifications, mais rien de pathologique

- **Orthopédiques :**
  - L'**épiphysiolyse fémorale supérieure** doit être la hantise :
    - × Glissement du cartilage de conjugaison à l'adolescence sous l'effet du surpoids
    - × Se manifeste par **des douleurs (hanche ou projetée au genou) et une boiterie**
    - × Diagnostic de certitude par **la radio**
    - × Risque de glissement aigu avec **ostéonécrose** et/ou **coxarthrose** ultérieure, donc, **sédentarité accrue** en plus du handicap

---

Toute boiterie chez un enfant obèse de plus de 5-6 ans doit mener doit faire suspecter une EFS et doit mener à une mise en décharge totale et immédiate +++.

  - Autres : scoliose, *genu varum* et *valgum*
- **Digestives :** pas de dépistage systématique :
  - **Lithiase biliaire :** surtout chez l'adolescente, parfois due à l'amaigrissement
  - **Stéatose hépatique :** en lien avec l'insulinorésistance
- **Respiratoires :**
  - **Syndrome d'apnées du sommeil :** mêmes signes que chez l'adulte, à dépister systématiquement à l'interrogatoire et à confirmer par oxymétrie et enregistrement polysomnographique du sommeil
  - **Asthme :** plus fréquent, bien que le lien ne soit pas net, à rechercher systématiquement à l'interrogatoire
  - **Syndrome restrictif :** très rare
- **Dentaires :** caries plus fréquentes

F. ASPECT PSYCHOLOGIQUE DE L'ENFANT OBESE

1. Facteurs en cause
- Toujours prendre l'enfant en considération dans le cadre de sa **famille :** valeur culturelle de l'obésité, de l'alimentation
- Enfant se sentant seul : l'alimentation est son doudou !!
- Obésité refuge : rapport au corps
- Nourriture refuge

2. Conséquences
- Baisse de l'estime de soi
- Railleries des camarades
- Maladresses des proches (« mon p'tit gros »)
- Isolement
- Cercle vicieux si la nourriture devient une source d'apaisement

---

DIFFICILE DE DETAILLER DAVANTAGE SANS TOMBER DANS LA DISSERTATION. NE RETENEZ QU'UN MOT-CLE : SOUFFRANCE +++.

G. COMPORTEMENT ALIMENTAIRE DE L'ENFANT OBESE

- Erreurs les plus fréquentes :
  - Alimentation hypercalorique
  - Grignotage
  - Décalage vespéral de la prise alimentaire
  - Diabolisation des aliments
  - Boissons sucrées

- **Alimentation hypercalorique :** cela fut contesté il y a quelques années, mais de plus récents travaux montrent que les enfants obèses **mangent plus que les non-obèses** (ce qui semble évident puisque, pour maintenir leur masse grasse, même sans grossir davantage, ils ont besoin de plus de calories. En effet, leur **dépense énergétique totale est augmentée).** En revanche, leur alimentation n'est pas déséquilibrée en répartition !!

- **Grignotage :** il existe une corrélation entre surpoids et grignotage, même si la force de l'association dépend avant tout **du produit grignoté**

- **Décalage vespéral de la prise alimentaire :** il existe une corrélation entre la quantité de nourriture consommée entre le déjeuner et la nuit et le surpoids. Schématiquement :
  - S'il mange trop en 2ème partie de journée, il **n'a pas faim le lendemain → petit-déjeuner insuffisant**
  - Or, s'il **grignote à 10 heures** ou si le **déjeuner à la cantine ne lui plaît pas,** il ne rattrape pas le déficit du matin
  - Il a donc **très faim à 16 heures,** mais si le goûter n'est pas conséquent ou lui est interdit, il va **grignoter** ou **manger beaucoup plus au dîner** (d'autant que c'est le seul repas pris par l'ensemble de la famille)
  - Il aura donc moins faim le lendemain… cercle vicieux
  - De plus, le **rendement énergétique s'accroît au cours de la journée** (on stocke davantage !!)
- **Diabolisation des aliments :** si vous voulez qu'un enfant rêve d'un aliment la nuit, interdisez-le lui !! **Aucun aliment** ne doit être interdit, mais la quantité doit être dosée
- **Boissons sucrées :** les calories apportées par les boissons sucrées entraînent une moindre régulation et seraient plus lipogéniques. La seule boisson indispensable doit rester **l'eau !**

H. PRISE EN CHARGE

1. Curative

- Elle repose sur 5 points capitaux :
  - Diététique
  - Activité physique
  - Soutien psychologique
  - Prise en charge des complications
  - Suivi au long cours

- Le but de la diététique est de **corriger les erreurs alimentaires** retrouvées dans l'enquête alimentaire pour ramener l'enfant vers une alimentation **normo-calorique pour l'âge** et **équilibrée** en **n'interdisant aucun aliment**

- Une activité physique régulière, sans notion de compétition, participera à la dépense énergétique tout en **augmentant l'estime de soi** et en améliorant le **rapport au corps.** Elle implique la **diminution des activités sédentaires** (TV, jeux vidéos)

- Le soutien psychologique est indispensable pour l'observance à long terme (peut notamment corriger certains conflits, stimuler la motivation de l'enfant et aider à supporter la frustration qu'impose certains aspects du traitement)

- **L'implication de la famille est sûrement l'un des facteurs pronostiques le plus important !!**

- **Aucun traitement médicamenteux n'est recommandé. La chirurgie bariatrique est réservée à certains cas extrêmes**

2. Préventive

> Il est maintenant bien établi que la prévention est <u>inutile</u> (et peut être nuisible) chez un enfant qui n'est pas génétiquement à risque d'obésité. La prévention doit donc être <u>ciblée</u> à partir d'un dépistage reposant sur les ATCD familiaux et la courbe d'IMC.

- **Le dépistage repose sur l'interrogatoire et la courbe d'IMC :**
  - Recherche des FdR
  - Courbe d'IMC : âge du rebond (précoce si > 6 ans)
- **Les mesures de prévention s'appliquent en présence d'un seul FdR (même et <u>surtout</u> si l'IMC est normal) :**
  - Alimentation normo-calorique pour l'âge
  - Activité physique recommandée pour l'âge
  - Suivi régulier de l'IMC
  - Dédramatiser : c'est de la prévention et c'est efficace !!

FACTEURS DE RISQUE D'OBESITE DE L'ENFANT A DEPISTER

1. **ANTECEDENTS FAMILIAUX D'OBESITE**
2. **GROSSESSE : TABAGISME, DIABETE GESTATIONNEL, RESTRICTION CALORIQUE**
3. **SEDENTARITE**
4. **REBOND D'ADIPOSITE PRECOCE**

INDEX